“十三五”国家重点出版物出版规划项目

外国文学研究
核心话题系列丛书
Key Topics in Foreign
Literature Studies

KEY TOPICS
外语学科核心话题
前沿研究文库

社会 · 历史研究
Social/Historical Studies

权力

*

Power

杨金才　姜礼福　著

外语教学与研究出版社
FOREIGN LANGUAGE TEACHING AND RESEARCH PRESS
北京 BEIJING

图书在版编目（CIP）数据

权力 / 杨金才，姜礼福著．-- 北京 ：外语教学与研究出版社，2024．10（2025．4 重印）．--（外语学科核心话题前沿研究文库）．-- ISBN 978-7-5213-5831-5

I．D033

中国国家版本馆 CIP 数据核字第 2024YF0684 号

权力

QUANLI

出 版 人　王　芳
选题策划　常小玲　李会钦　段长城
项目负责　王丛琪
责任编辑　王丛琪
责任校对　步　忱
装帧设计　杨林青工作室
出版发行　外语教学与研究出版社
社　　址　北京市西三环北路 19 号（100089）
网　　址　https://www.fltrp.com
印　　刷　北京盛通印刷股份有限公司
开　　本　650×980　1/16
印　　张　11.75
字　　数　173 千字
版　　次　2024 年 10 月第 1 版
印　　次　2025 年 4 月第 2 次印刷
书　　号　ISBN 978-7-5213-5831-5
定　　价　54.90 元

物料号：358310001

出版前言

随着中国特色社会主义进入新时代，国家对外开放、信息技术发展、语言产业繁荣与教育领域改革等对我国外语教育发展和外语学科建设产生了深远影响，也有力推动了我国外语学术出版事业的发展。为梳理学科发展脉络，展现前沿研究成果，外语教学与研究出版社汇聚国内外语学界各相关领域专家学者，精心策划了“外语学科核心话题前沿研究文库”（下文简称“文库”）。

“文库”精选语言学、应用语言学、翻译学、外国文学研究和跨文化研究五大方向共25个重要领域100余个核心话题，按一个话题一本书撰写。每本书深入探讨该话题在国内外的研究脉络、研究方法和前沿成果，精选经典研究及原创研究案例，并对未来研究趋势进行展望。“文库”在整体上具有学术性、体系性、前沿性与引领性，力求做到点面结合、经典与创新结合、国外与国内结合，既有全面的宏观视野，又有深入、细致的分析。

“文库”项目邀请国内外语学科各方向的众多专家学者担任总主编、子系列主编和作者，经三年协力组织与精心写作，自2018年底陆续推出。“文库”已获批“十三五”国家重点出版物出版规划项目，作为一个开放性大型书系，将在未来数年内持续出版。我们计划对这套书目进行不定期修订，使之成为外语学科的经典著作。

我们希望“文库”能够为外语学科及其他相关学科的研究生、教师及研究者提供有益参考，帮助读者清晰、全面地了解各核心话题的发展脉络，并有望开展更深入的研究。期待“文库”为我国外语学科研究的创新发展与成果传播作出更多积极贡献。

外语教学与研究出版社

2018年11月

目录

总序

外国文学研究在二十世纪的中国经历了作品译介时代、文学史研究时代和作家+作品研究时代，如果查阅申丹和王邦维总主编的《新中国60年外国文学研究》，我们就可以看到，在改革开放后的中国，特别是在九十年代以后，外国文学研究进入了文学理论研究时代。译介外国文学理论的系列丛书大量出版，如“知识分子图书馆”系列和“当代学术棱镜译丛”系列等。在大学的外国文学课堂使用较多、影响较大的教程中，中文的有朱立元主编的《当代西方文艺理论》；英文的有张中载等编的《二十世纪西方文论选读》和朱刚编著的《二十世纪西方文艺批评理论》。这些书籍所介绍的西方文学理论和批评理论，以《二十世纪西方文论选读》为例，包括俄国形式主义、新批评、原型批评、结构主义、精神分析批评、接受美学与读者反应理论、后结构主义、西方马克思主义、女权主义、后现代主义、新历史主义、后殖民主义、文化研究等等。

十多年之后，这些理论大多已经被我国的学者消化、吸收，并在外国文学研究领域广泛应用。有人说，外国文学研究已经离不开理论，离开了理论的批评是不专业、不深刻的印象主义式批评。这话正确与否，我们不予评论，但它至少让我们了解到理论在外国文学研究中的作用和在大多数外国文学研究者心中的分量。许多学术期刊在接受论文时，首先看它的理论，然后看它的研究方法。如果没有通过这两关，那么退稿即是自然的结果。在学位论文的评阅中，评阅专家同样也会看这两个方面，并且把它们视为论文是否合格的必要条件。这些都促成了我国外国文学研究理论时代的到来。我们应该承认，中国读者可能有理论消化不良的问题，可能有唯理论马首是瞻的问题。在某些领域，特别是在博士论文和硕士论文中，理论和概念可能会被生搬硬套地强加于作品，导致“两张皮”的问题。但是，总体上讲，理论研究时代的到来是一个进步，是一个值得我们去探索和追寻的方向。

二

如果说“应用性”是我们这套“外国文学研究核心话题系列丛书”（以下简称“丛书”）追求的目标，那么我们应该仔细考虑以下两个问题：第一，我们应该如何强化理论的运用，它的路径和方法何在？第二，我们在运用西方理论的过程中如何体现中国学者的创造性，如何体现中国学者的视角？我们先看第一个问题。十年前，当人们谈论文学理论时，最可能涉及的是某一个宏大的领域，如新历史主义、女性主义、后殖民批评等。而现在，人们更加关注的不是这些大概念，而是它们下面的小概念，或者微观概念，比如互文性、主体性、公共领域、异化、身份等等。原因是大概念往往涉及一个领域或者一个方向，它们背后往往包含许多思想和观点，在实际操作中有尾大不掉的感觉。相反，微观概念在文本解读过程中往往具有很强的操作性，在分析作品时能帮助人们看到更多的意义，帮助人们更好地理解人物、情节、情景，以及这些因素背后的历史、文化、政治、性别缘由。

在英国浪漫派诗歌研究中，这种批评的实例比比皆是。比如莫德·鲍德金（Maud Bodkin）的《诗中的原型模式：想象的心理学研究》（*Archetypal Patterns in Poetry: Psychological Studies of Imagination*）就是运用荣格（Carl Jung）的原型理论对英国诗歌传统中出现的模式、叙事结构、人物类型等进行分析。在荣格的理论中，“原型”指古代神话中出现的某些结构因素，它们已经扎根于西方的集体无意识，在从古至今的西方文学和仪式中不断出现。想象作品的原型能够唤醒沉淀在读者无意识中的原型记忆，使他们对此作品作出相应的反应。鲍德金在书中特别探讨了塞缪尔·泰勒·柯尔律治（Samuel Taylor Coleridge）的《古水手吟》（*The Rime of the Ancient Mariner*）中的"重生"和《忽必烈汗》（*Kubla Khan*）中的"天堂地狱"等叙事结构原型（Bodkin：26–89），认为这些模式、结构、类型在诗歌作品中的出现不是偶然，而是自古以来沉淀在西方集体无意识中的原型在具体文学作品中的呈现（90–114）。同时她也认为，不但作者在创作时毫无意识地重现原型，而且这些作品对读者的吸引也与集体无意识有关，他们不由自主地对这些原型作出了反应。

在后来的著作中，使用微观概念来分析具体文学作品的趋势就更加明显。大卫·辛普森（David Simpson）的《华兹华斯的历史想象：错位的诗歌》（*Wordsworth's Historical Imagination: The Poetry of Displacement*）显然运用了西方马克思主义理论，但是它凸显的关键词是"历史"，即用社会历史视角来解读威廉·华兹华斯（William Wordsworth）。在"绪论"中，辛普森批评文学界传统上将私人领域与公共领域对立，将华兹华斯所追寻的"孤独"和"自然"划归到私人领域。实际上，他认为华氏的"孤独"有其"社会"和"历史"层面的含义（Simpson：1–4）。辛普森使用了湖区的档案，重建了湖区的真实历史，认为这个地方并不是华兹华斯的逃避场所。在湖区，华氏理想中的农耕社会及其特有的生产方式正在消失。圈地运动改变了家庭式的小生产模式，造成一部分农民与土地分离，也造成了华兹华斯所描写的贫穷和异化。华兹华斯所描写的个人与自然的分离以及想象力的丧失，似乎都与这些社会的变化和转型有着密不可分的关系（84–89）。在具体文本分析中，历史、公共领域、生产模式、异化等概念要比笼统的马克思主义概念更加有用，更能产生分析效果。

奈杰尔·里斯克（Nigel Leask）的《英国浪漫主义作家与东方：帝国焦虑》（*British Romantic Writers and the East: Anxieties of Empire*）探讨了拜

伦（George Gordon Byron）的"东方叙事诗"中所呈现的土耳其奥斯曼帝国，雪莱（Percy Bysshe Shelley）的《阿拉斯特》（*Alastor*）和《解放了的普罗米修斯》（*Prometheus Unbound*）中所呈现的印度，以及托马斯·德·昆西（Thomas De Quincey）的《一个英国瘾君子的自白》（*Confessions of an English Opium-Eater*）中所呈现的东亚地区的形象。他所使用的理论显然是后殖民理论，但是全书建构观点的关键概念"焦虑"来自心理学。在心理分析理论中，"焦虑"常常指一种"不安""不确定""忧虑"和"混乱"的心理状态，伴随着强烈的"痛苦"和"被搅扰"的感觉。里斯克认为，拜伦等人对大英帝国在东方进行的帝国事业持有既反对又支持、时而反对时而支持的复杂心态，因此他们的态度中存在着焦虑感（Leask：2–3）。同时，他也把"焦虑"概念用于描述英国人对大英帝国征服地区的人们的态度，即他们因这些东方"他者"对欧洲自我"同一性"的威胁而焦虑。

如果我们的目标是批评实践，是用批评理论进行文本分析，那么拉曼·塞尔登（Raman Selden）的《实践理论与阅读文学》（*Practicing Theory and Reading Literature*）一书值得我们参考借鉴。该书是他先前的《当代文学理论导读》（*A Reader's Guide to Contemporary Literary Theory*）的后续作品，主要是为先前的著作所介绍的批评理论提供一些实际运用的方法和路径，或者实际操作的范例。在他的范例中，他凸显了不同理论的关键词，如关于新批评，他凸显了"张力""含混"和"矛盾态度"；关于俄国形式主义，他凸显了"陌生化"；关于结构主义，他凸显了"二元对立""叙事语法"和"隐喻与换喻"；关于后结构主义，他凸显了意义、主体、身份的"不确定性"；关于新历史主义，他凸显了主导文化的"遏制"作用；关于西方马克思主义，他凸显了"意识形态"和"狂欢"。

虽然上述系列并不全面，我们现在所使用的概念的数量和种类都可能要超过它，但是它给我们的启示是：要进行实际的批评实践，我们必须关注各个批评派别的具体操作方法，以及它们所使用的具体路径和工具。我们这套"丛书"所凸显的也是"概念"或者"核心话题"，就是为了实际操作，为了文本分析。“丛书”所撰写的“核心话题”共分5个子系列，即“传统·现代性·后现代研究”“社会·历史研究”“种族·后殖民研究”“自然·性别研究”“心理分析·伦理研究”，每个子系列选择3—5个核心的话题，分别撰写成一本书，探讨该话题在国内外的研究脉络、发展演变、经典及原创研究案例等等。通过把这些概念运用于文本分析，达到介绍该批评派别的目的，同时也希望展示这些话题在具体的文学批评中的作用。

二

中国的视角和中国学者的理论创新和超越，是长期困扰国内外国文学研究界的问题，这不是一套书或者一个人能够解决的。外国文学研究界，特别是专注外国文学理论研究的学者，也因此承受了巨大的压力。有人甚至批评说，国内研究外国文学理论的人好像有很大的学问，其实仅仅就是“二传手”或者“搬运工”，把西方的东西拿来转述一遍。国内文艺理论界普遍存在着“失语症”。这些批评应该说都有一定的道理，它警醒我们在理论建构方面不能无所作为，不能仅仅满足于译介西方的东西。但是“失语症”的原因究竟是因为我们缺少话语权，还是我们根本就没有话语？这一点值得我们思考。

我们都知道，李泽厚是较早受到西方关注的中国现当代本土文艺理论家。在美国权威的文学理论教材《诺顿文学理论与批评选集》(*The Norton Anthology of Theory and Criticism*)第二版中，李泽厚的《美学四讲》(*Four Essays on Aesthetics*)中的“形式层与原始积淀”(“The Stratification of Form and Primitive Sedimentation”)成功入选。这说明中国文艺理论在创新方面并不是没有话语，而是可能缺少话语权。概念化和理论化是新理论创立必不可少的过程，应该说老一辈学者王国维、朱光潜、钱锺书对“意境”的表述是可以概念化和理论化的；更近时期的学者叶维廉和张隆溪对道家思想在比较文学中的应用也是可以概念化和理论化的。后两者在这方面做了很多工作，但要在国际上产生影响力，还需要有进一步的提升，也需要中国的学者群体共同努力，去支持、跟进、推动、应用和发挥，以使它们产生应有的影响。

在翻译理论方面，我国的理论创新应该说早于西方。中国是翻译大国，二十世纪是我国翻译活动最活跃的时代，出现了林纾、傅雷、卞之琳、朱生豪等翻译大家，在翻译西方文学和科学著作的过程中积累了大量的经验。在中国翻译家提出“信达雅”的时候，西方的翻译理论还未有多少发展。但是西方的学术界和理论界特别擅长把思想概念化和理论化，因此有后来居上的态势。但是如果仔细审视，西方的热门翻译理论概念如“对等”“归化和异化”“明晰化”等等，都没有超出“信达雅”的范畴。新理论的创立不仅需要新思想，而且还需要一个整理、归纳和升华的过程，这就是我们所说的概念化和理论化。曹顺庆教授在比较文学领域提出的“变异学”就是一个有意义的尝试，我个人认为，它有可能成为中国学者的另一个理论创新。

理论创新是一件重要而艰巨的工作，最难的创新莫过于思维范式的创新，也就是托马斯·库恩（Thomas S. Kuhn）在《科学革命的结构》（*The Structure of Scientific Revolutions*）中所说的范式（paradigm）的改变。哥白尼（Nicolaus Copernicus）的“日心说”是对传统的和基督教的宇宙观的全面颠覆，达尔文（Charles Darwin）的“进化论”是对基督教的“存在的大链条”和“创世说”的全面颠覆，马克思（Karl Marx）的唯物主义是对柏拉图（Plato）以降的唯心主义的全面颠覆。这样的范式创新有可能完全推翻以前人们对世界的认识，从而建立一套新的知识体系。福柯（Michel Foucault）在《词与物：人文科学考古学》（*The Order of Things: An Archaeology of the Human Sciences*）中将“范式”称为“范型”或“型构”（épistémè），他认为这些“型构”是一个时代知识生产与话语生产的基础，也是判断这些知识和话语正确或错误的基础（Foucault：xxi–xxiii）。能够改变这种“范式”或“型构”的理论应该就是创新性足够强大的理论。

任何创新都要从整理传统和阅读前人开始，用牛顿（Isaac Newton）的话来说，就是“我之所以比别人看得远一些，是因为我站在巨人的肩膀上”。福柯曾经提出了“全景敞视主义”（panopticism）的概念，用来分析个人在权力监视下的困境，在国内的学位论文中得到比较广泛的应用，但是这个概念来自英国功利主义哲学家杰里米·边沁（Jeremy Bentham）；福柯还提出了一个“异托邦”（heterotopia）的概念，用来分析文化差异和思维模式的差异，在中国的学术界也很有知名度，但这个概念是由“乌托邦”（utopia）的概念演化而来，它的源头可以追溯到古希腊的柏拉图和十六世纪的英国作家托马斯·莫尔（Sir Thomas More）。雅克·拉康（Jacques Lacan）对“主体性”（subjectivity）的分析曾经对女性主义和文化批评产生过很大影响，但是它也是对弗洛伊德（Sigmund Freud）心理分析的改造，可以说是后结构主义语言观与弗洛伊德心理分析的巧妙结合。詹明信（Fredric Jameson）的“政治无意识”（political unconscious）概念常常被运用在西方马克思主义批评中，但是它也是对马克思和路易·阿尔都塞（Louis Althusser）的“意识形态”（ideology）理论的发展，可以说是传统的马克思主义与后结构主义和心理分析的巧妙结合。甚至文化唯物主义和新历史主义批评的两个标志性概念“颠覆”（subversion）和“遏制”（containment）也是来自别处，很有可能来自福柯、雷蒙·威廉斯（Raymond Williams）或其他马克思主义批评家。虽然对于我们的时代来说，西方文论的消化和吸收的高峰期已经结束，但对于个人来说，消化和吸收是必须经过的一个阶段。

在经济和科技领域也一样，人们也是首先学习、消化和吸收，然后再争取创新和超越，这就是所谓的“弯道超车”。高铁最初不是中国的发明，但是中国通过消化和吸收高铁技术，拓展和革新了这项技术，使我们在应用方面达到了世界前列。同样，中国将互联网技术应用延伸至电子商务、共享经济、线上支付等领域，使中国在金融创新领域走在了世界前列。这就是说，创新有多个层面、多个内涵。可以说，理论创新、方法创新、证据创新、应用创新都是创新。从0到1的创新，或者说从无到有的创新，是最艰难的创新，而从1到2或者从2到3的创新相对容易一些。

我们这套“丛书”也是从消化和吸收开始，兼具**学术性、应用性**：每一本书都是对一个核心话题的理解，既是理论阐释，也是研究方法指南。“丛书”中的每一本基本都遵循如下结构。1）概说：话题的选择理由、话题的定义（除权威解释外可以包含作者自己的阐释）、话题的当代意义。如果是跨学科话题，还需注重与其他学科理解上的区分。2）渊源与发展：梳理话题的渊源、历史、发展及变化。作者可以以历史阶段作为分期，也可以以重要思想家作为节点，对整个话题进行阐释。3）案例一：经典研究案例评析，精选1—2个已有研究案例，并加以点评分析。案例二：原创分析案例。4）选题建议、趋势展望：提供以该话题视角可能展开的研究选题，同时对该话题的研究趋势进行展望。

“丛书”还兼具**普及性**和**原创性**：作为研究性综述，“丛书”的每一本都是在一定高度上对某一核心话题的普及，同时也是对该话题的深层次理解。原创案例分析、未来研究选题的建议与展望等都具有原创性。虽然这种原创性只是应用方面的原创，但是它是理论创新的基础。“丛书”旨在增强研究生和年轻学者对核心话题的理解和应用能力，进一步扩大知识分子的学术视野。“丛书”的出版是连续性的，不指望一次性出齐，随着时间的推移，数量会逐渐上升，最终在规模上和质量上都将成为核心话题研究的必读图书，从而打造出一套外国文学研究经典。

“丛书”的话题将凸显**文学性**：为保证“丛书”成为文学研究核心话题丛书，话题主要集中在文学研究领域。如果有社会学、经济学、政治学领域话题入选，那么它们必须在文学研究领域有相当大的应用价值；对于跨学科话题，必须从文学的视角进行阐释，其原创案例对象应是文学素材。

“丛书”的子系列设置具有一定的合理性：分类常常有一定的难度，常常有难以界定的情况、跨学科的情况、跨类别的情况，但考虑到项目定位和读者期望，对“丛书”进行分类具有相当大的必要性，且要求所分类别具有一定体系，分类依据也有合理解释。

在西方，著名的劳特利奇出版社（Routledge）从二十世纪七八十年代开始陆续出版了一套名为“新声音”（New Accents）的西方文论丛书，产生过很大的影响。这个系列一直延续了三十多年，出版了大量书籍。我们这套“丛书”也希望能够以不断积累、不断摸索和创新的方式，为中国学者提供一个发展平台，让优秀的思想能够在这个平台上呈现和发展，发出中国的声音。“丛书”希望为打造中国的学术思想和学术派别、展示中国的视角和观点贡献自己的力量。

张剑

北京外国语大学

2018年10月

参考文献

Bodkin, Maud. *Archetypal Patterns in Poetry: Psychological Studies of Imagination.* London: Oxford University Press, 1934.

Foucault, Michel. *The Order of Things: An Archaeology of the Human Sciences.* New York: Vintage Books, 1970.

Leask, Nigel. *British Romantic Writers and the East: Anxieties of Empire.* Cambridge: Cambridge University Press, 1992.

Simpson, David. *Wordsworth's Historical Imagination: The Poetry of Displacement.* New York: Metheun, 1987.

前言

“权力”是人类社会的基本现象，也是社会关系的本质内核。自古至今，人们一直都在思考何为权力，对此或趋之若鹜，或嗤之以鼻。事实上，权力的内涵极为丰富、复杂，堪称整个人文社科研究领域最基本、最重要的话题之一，各国历代思想家、政治家、社会学家都曾尝试对其作界定。在《现代汉语词典》与《辞海》中，“权力”被定义为政治上的强制力量、职责范围内的支配力量，以及由此拓展出的一个人按照自己希望的方式影响另一个人行为的能力。

西方有关“权力”最早的表述可追溯到亚里士多德（Aristotle）。在他看来，“权力”彰显的是一种支配与被支配的关系，但它不仅是某些人统治另一些人的手段，还是某种拥有物质载体、能够促发行动与构建社会的具体力量。亚里士多德将人视作政治的动物，人类的自然政治性决定了权力无所不在，每个人都希望通过获得权力实现自身目的。然而，权力和政治的牵连隐含着人类在关系网络中可能遭遇的不平等，以及由此衍生的道德及伦理问题。在诸多学科体系中，“权力”概念都已成为经典的核心术语，不断被分析、论证与阐述。

从政治学角度着眼，参与政治意味着“寻求权力”。从尼科洛·马基雅维利（Niccolò Machiavelli）、托马斯·霍布斯（Thomas Hobbes）、约翰·洛克（John Locke）、让-雅克·卢梭（Jean-Jacques Rousseau）到20

世纪的实证主义思想家，大部分关于政治科学的探讨都关注“权力”。汉斯·摩根索（Hans J. Morgenthau）从国际关系出发剖析和阐发权力政治与国家利益的核心作用，并产生了巨大影响。作为政治学最核心的命题之一，权力与“支配”概念密不可分，学者们常从武力、操纵、说服、权威等方面考察权力运作，发掘当代西方权力支配的隐秘形态。无处不在的权力“监护网”日渐蔓延，并呈现出更多渗透性的支配形式。

在社会学领域，马克·科尔比（Mark Kirby）的阐述值得关注。他认为所有的社会学都是有关权力的研究，都关涉权力和掌握权力的斗争。马克思从人类社会的生存方式、生活组织形式和共同利益等多个方面，深入探讨了权力的本质与运作机制。作为现代社会学的奠基人，马克斯·韦伯（Max Weber）将权力视为一种在政治和社会结构中影响他人行为的能力，关注权力获得合法性的途径，及其在官僚机制中的运行方式，强调权力与社会关系、经济和文化的交织互动。尤尔根·哈贝马斯（Jürgen Habermas）则讨论了权力在公共领域中的作用，意识到民主对话和理性辩论在权力形成过程中的重要性。

就西方法学而言，康德（Immanuel Kant）、边沁和约翰·奥斯丁（John Austin）等都表达了明显的权力观，他们一方面继承罗马法关于权力支配性力量的信条，另一方面思考和探索“权力”与“权利”的差异及边界，界定并阐释了诸多核心概念。其后，约翰·萨尔蒙德（John W. Salmond）和韦斯利·霍菲尔德（Wesley N. Hohfeld）在私法领域对“权力”与“权利”进行详细区分，同一向注重公法权力的洛克、孟德斯鸠（Montesquieu）遥相呼应。当代美国法学专家劳伦斯·弗里德曼（Lawrence M. Friedman）认为，法律不仅是规范行为的工具，亦是权力的载体，且法律权力深受政治、经济及社会文化的影响，例如西方语境之下的人权问题。

在哲学与思想领域，伯兰特·罗素（Bertrand Russell）著有《权力论：新社会分析》（*On Power: A New Social Analysis*），深刻阐发权力伦理学，从对权力的个性化追求入手解析权力欲以及各种形式的权力，并就权力和道德观念进行阐述。福柯创新性地将权力、知识、话语交织在一起，论证有关某一客体的表述一旦进入话语流通领域，就有可能通过传播生产出合法或非法的知识，既体现权力的运作，又使话语拥有了权力。福柯由此强调，权力是动态的、流动的，存在于社会关系与日常生活等微观层面。他提出的“生命权力”（bio-power）概念则反映了权力在身体管理和生命发展方面的深入渗透。在福柯的基础上，朱迪斯·巴特勒（Judith Butler）将权力观念引入性别研究，她将性别视为一种在日常生活中反复操演的社会构造，展现了权力在身份建构中的作用，为权力理论提供了愈加复杂和多维的理解。

权力涉及人类生存方式、思考方式和行为方式，这同人类的社会属性及政治属性密切相关。作为社会的人，所有个体都或多或少地受到权力的影响。人类生存的意义在于自身同外界世界的互动关系，以及对他人和社会产生的影响。“权力”的概念意蕴丰沛，绝对非这本小书所能穷尽。需要注意的是，以中国为代表的东方国家的“权力”观念与西方有所不同，无论是儒家的“为政以德，譬如北辰，居其所而众星共之”、道家的“上善若水，水善利万物而不争，处众人之所恶，故几于道”、兵家的“上兵伐谋，其次伐交，其次伐兵，其下攻城”，抑或法家的“明主之所导法也，法者，所以正群臣也”，等等，都是值得不断开掘的学术领域，与西方权力思想进行互鉴。

当今世界，国际局势动荡，各个国家之间的权力关系不断变化，和平发展显得尤为迫切，这是构建人类命运共同体的精神祈望。当代西方资本主义社会“权力的制度性调配”屡屡制造权力危机，致使无序竞争、恶性打压不断升级，上演无数的霸权行径。中国式现代化道路生动诠释了世界和平发展的理念，彰显出中国独特的权力观。就此展开中外比较，有助于讲好中国故事，推进文明互鉴。

对权力的深入把握对于开展文学研究同样具有重要的启发意义。在特定时空、社会历史语境下生产的文学作品，其思想内涵常常受到社会、历史、文化等因素的制约，不可避免地渗透着特定的权力关系或权力运作机制。反思和呈现服从或服务于特定社会权力关系的现实是文学作品的重要标识。

本书主要基于对西方权力观的粗浅梳理与总结，立足西方文学文本，考察西方作家对权力关系的想象和再现，进而透视各种权力在作品中的呈现、实施和运作。由于我们才疏学浅，再加上视域所限，疏漏、舛误在所难免，很多观点只是一孔之见，权作参考！在其付梓之际，我们要特别感谢张剑教授，他先后审读了本书的样章和初稿，并提出了许多宝贵意见。在写作过程中，我们得到了外语教学与研究出版社的大力支持。王丛琪和步忱两位女士不厌其烦地提醒我们进度，并提出了很好的编校意见和建议。张诗苑、王航和李雨然等博士生参与了出版前的书稿校对。对他们的敬业精神和辛勤付出我们深表谢意！

杨金才　姜礼福

南京

2024年9月10日

第一章 权力概说

权力含义复杂而多维，涉及人际关系、社会结构、政治制度等多个方面，既属于社会学、政治学、法学等范畴的问题，也是重要的社会文化课题，意涵深邃，具有独特的本质特征和纷繁的表现形式。权力现象伴随人类社会始终，“无论是在人类社会还是所有的社会关系中，权力都是普遍现象”（Bierstedt：730），人们对权力的思考也从未休止，可以说，权力是整个人文社科研究领域最基本、最重要的话题之一。正如罗素所言，“在社会科学中权力是基本的概念，犹如在物理学上能量是基本概念一样”(罗素：6)。

1.1 权力的基本内涵和本质

“权力”一词源于法语pouvoir，后者又源于拉丁文posse，意指“能够”，最根本的内涵是“做事或行为的能力”（Bove: 5）。在英语中，该词最惯常的用法近似于“能力、技能或才能”，包括行为主体施展行为的能力、对外在世界产生影响的技能和源于身心能量的行动力。无论是《现代汉语词典》《辞海》还是《社会学词典》，都将权力视作一种力量加以阐释。作为一种力量，权力蕴含着“影响”或“控制”之意。因此，有研究者将权力等同于掌控或控制，也就是“对外部世界产生可见性影响的能力”（Wrong：1）。无疑，权力的概念、内涵都是极为复杂的，这也是历代诸多思想家、政治家、社会学家等都尝试对权力进行界定的原因。

西方对权力最早的表述或可追溯到亚里士多德。在亚里士多德看来，权力不仅是某些人统治另一些人的权威，而且是某种实际的力量。亚里士多德曾言：“主人只是奴隶的主人，但并不属于这个奴隶；而奴隶的生活和存在则不同，奴隶不仅是主人的奴隶，而且完全属于主人”（亚里士多德：25）。因此，权力的产生基于支配与被支配的关系。亚里士多德将人视作政治的动物。人类的政治性动物属性决定了权力无所不在，个人希望通过获得权力实现其目的。对权力的渴求是人类作为政治性动物最鲜明的特征。权力和政治的牵连隐含着人类在关系网络中不平等的假定和基本事实。正如社会理论家所言，“如果每个人都是平等的，那便没有政治了，因为政治必然涉及强与弱的问题”（Gerth & Mills：193），彼得·布劳（Peter Blau）同样也指出，“同等力量之间的相互独立意味着权力的缺场”（Blau：118）。

尽管权力兴起的准确时间难以确定，但相关论述的历史是可追溯的。在西方，被誉为“近代政治学之父”的意大利政治思想家马基雅维利，以及英国政治哲学家霍布斯被视作权力学说的先驱。马基雅维利和霍布斯赞同权力政治，这就与柏拉图的伦理政治决裂。柏拉图认为，权力是恶之根本，毫无节制的权力欲望将摧毁一切伦理道德，与正义的政治生活格格不入（卡西尔：89–93）。马基雅维利和霍布斯则都是从正面角度理解权力。

马基雅维利的经典著作《君主论》（*The Prince*）被誉为权力政治的指南针，其核心在于探讨权力的获取、维护，以及政治策略的运用。马基雅维利深入考察了领导力、权谋、国家实力以及道德在政治中的作用，关注“权力用来做什么”，注重对权力实施策略的阐释。在权力问题上，马基雅维利不持任何伦理立场，也不热衷于权力建构。他只描述权力策略，认为权力不隶属任何人或地方，展示了“一个人在更大范围内采取行为的策略的有效性”（转引自Clegg：32）。马基雅维利认为界定权力的重要根基在于暴力，暴力是权力得以实施的保障，“权力的核心在于暴力，施展权力往往涉及对他人或他物的暴力”(33)。

霍布斯在代表作《利维坦》(*Leviathan*)中对政治权力、国家和政府等进行了深入思考。他认为君主制是最适合维护社会秩序并实现公共利益的社会制度，并由此提出社会契约论，主张人们订立一种契约，放弃部分自由权利，将权力交给至高无上的统治者(国家或政府)；在此制度下，君主拥有绝对权力，保证相关制度的顺利运行和社会秩序的稳固，同时君主权力的行使必须以民众的福祉为根本追求。他对权力的考察侧重于“权力是什么”，更关注权力自身的“工具性”。他将权力界定为“人们当前拥有的获取未来明显利益的手段”(Hobbes，1962：78)，这一权力概念最重要的贡献在于提出“现代性的核心概念原则就是权力”(转引自Clegg：31)。霍布斯将权力和个人利益结合在一起，认为权力是指人获取自我利益的手段，并提出人们之所以对权力充满渴望，本质上就在于追逐利益。他认为人类之所以能繁衍生息，就在于对权力的追逐，对个体而言，生命不息，对权力的追逐就不会停止。霍布斯的权力观和他的人性观在内在逻辑上是一致的。他认为，“人类所有的行为都源于增强自我个人利益和‘好处’的自私欲望”，这被称作“心理自私主义”(转引自Finn：48)。

可以说，在社会科学研究领域，西方关于政治的相关探讨都离不开“权力”二字。从政治学角度，参与政治就是“寻求权力”，换句话说，以牺牲他人意愿而追逐自己的意志。从这个意义上讲，所有的社会生活都关涉权力以及掌握权力的斗争，因而所有的社会学都是“有关权力的研究”(Kirby：396)。从马基雅维利、霍布斯到20世纪的实证主义思想家，大部分关于政治科学的探讨都离不开对“权力”的考察。相关探讨大多将权力和控制联系起来。17世纪的霍布斯将权力理解为对利益的追逐和对他人的控制。19世纪的詹姆斯·穆勒(James Mill)宣称，从政治层面谈论权力无非就是个体或群体控制其他个体或群体的行为。到了20世纪，现实主义大师摩根索对政治权力作了深入思考，认为“权力由一切人控制人的相关因素构成”(转引自Bove：7)。在这个意义上，权力包含一切旨在达到这一目的的社会关系或行为，不管是直接的身体暴力还是隐蔽的心理暗示。需要指出的是，尽管权力和政治关系密切，但是除了争夺权力，政治也可以限制、抵抗，甚至逃离权力。

权力的内涵极为复杂，不同政治家、社会学家、思想家对其理解不尽相同。在社会学中，权力指涉行为者或主体之间的关系。社会学聚焦人类群体和社会行为，韦伯和罗素等社会学家对权力的理解和阐释产生了深远影响。二者对权力的论述存在较为明显的差异。韦伯认为，权力一般指“一个人或一些人在社会行动中能够实现他或他们意志的可能性”(转引自Wrong：21)或者“在一种社会关系中即使遇到反对也能贯彻自己意志的任何机会”(韦伯：81)。因此，在韦伯看来，权力是指在社会交往中，一方将自己的意志强加于另一方之上的可能性，这里的强加意志既可能是说服、规劝、操纵，也可能是武力的。或者说，人与人之间的关系存在这样一种现象，即一个人可以使得另外一个人服从于他的时候，这两个人便存在着权力关系。著有《权力论：新社会分析》的罗素将权力界定如下，“我们可以把权力解释为若干预期结果的产生。因此权力是一个量的概念”(Russell：25)。韦伯强调权力是施加影响的一种特殊形式，侧重于权力施加影响的能力，并不在于真正实施，而罗素对权力的理解则更注重后果。

当代美国著名政治学家罗伯特·达尔(Robert Dahl)在《权力的概念》(“The Concept of Power”)一文中尝试从政治学角度对权力进行正式界定。在他看来，权力“作为一种关系，人与人之间的关系”而存在，一方对另外一方的权力意味着“一方可以使另一方做原本可以不做的事情”(Dahl：202-203)。另外，达尔认为也应当考虑人类和其他生命体(animate object)或非生命体(inanimate object)之间的关系，包括个体、集体、办公室、政府、国家等。更重要的是，达尔认为在理解权力时，应当尽可能细化、具体化，在阐释权力关系时，应当包括以下四个方面：第一，掌握权力一方其权力的来源、领域；第二，掌握权力一方施展权力时所采用的手段、工具或方式；第三，权力控制的程度或者级别；第四，权力控制范围或者范畴等（203）。

当代美国著名社会学家丹尼斯·朗（Dennis Wrong）对权力的阐释产生了较大影响。他在《权力论》[1]（*Power: Its Forms, Bases, and Uses*）一书中，融合诸多社会学家的观点，从能力的视角界定权力，厘清了权力概念并对其内涵进行了较为全面的梳理，提出“权力是某些人对他人产生意图性和预见性影响的能力”（Wrong：2）。在他看来，权力是一种能力，是一种胁迫或者控制别人的能力，还是一些人对他人产生预期效果和影响的能力。朗认为权力可以细化为强制力（force）、操控（manipulation）、劝导（persuasion）和威权（authority）四种形式（22）。一般而言，强制力是通过物理手段，限制他人自由，造成他人身体痛苦或伤害（包括剥夺最基本的生理需求甚至剥夺生命）的力量。当权力持有者（power holder）在权力受制者（power subject）面前有意识地掩盖其意图时，这种权力形式就是“操控”。这种权力实施并不会引发受制者的抵制或反抗，因为受制者意识不到所受的影响。这种影响的隐蔽性使得操控成为“权力最非人化的形式，甚至比身体强制力都更加非人化”（30），因为受害者在强制力之下至少知道施害者的身份。当一方劝说、诱导另一方，使另一方根据自我的价值和目标，作出一种独立判断并接受对方观点，进而影响自我行为时，劝导就得以达成。劝导的本质在于游说，而“威权”的本质在于“命令”（command）。当一方命令另一方接受相应的要求、开展相关行动时，后者只能无条件遵从，完全处于前者的支配之下，这种权力关系可称之为“威权”。

理解朗对权力的界定需要准确把握此概念的多层内涵：第一，权力的意图性（intentionality）。权力的实施具有倾向性，而非盲目的，它有明确的、要达到的目的。第二，权力的效能性（effectiveness）。权力的本质

1 流行的中文译本未译出副标题，此处参照该版本译法。

在于施展影响，产生结果。第三，权力的非对称性（asymmetry）。权力涉及双方或多方，存在权力主体和客体，呈现出能力的非均衡性。第四，权力的潜在性（latency）。权力并非都是施加直接影响，潜在力量是其重要特征（Wrong：2）。另外，在书中，朗借鉴众多社会学家有关权力的观点，对权力的形式、资源和用途等作了深入剖析和深刻论述。在资源与权力的关系上，朗认为，权力的实施在于一个人为达到目的激活或者动用资源的一切能力，尽管人们在一般行动能力上都是平等的，但个人或集体在资源分配方面是不平等的，而这种资源分配的不平等导致权力的不平等，从而产生胁迫或控制关系。

德国社会学家、思想家拉尔夫·达伦多夫（Ralf G. Dahrendorf）认为，社会由不平等的权力和相互竞争的群体利益构成，因此不应从资源服从的角度理解社会，而需从胁迫和限制的角度来看。他提出，权力"产生分配不公，因此也是摩擦持续性的来源"（Dahrendorf，1968：227），这也是不同社会中民族冲突和其他群体冲突频发的原因。由此，达伦多夫认为，任何政治境况都可以从权力和抵制的对立视角进行分析。他认为，"权力总是蕴含着非权力以及相应的抵抗。权力和抵抗的辩证法是历史的推动力。在特定时间，根据权力掌控者的利益我们推断出无权者的利益关切，由此可以找到改变的方向……权力产生冲突，对立方利益的冲突是人类生存从根本上不确定性的持续表达"（227）。达伦多夫并不认为冲突会对社会形成一种威胁，相反他认为冲突是实现正义的途径，因为正义是"权力和抵抗辩证后产生的结果"（150）。社会冲突是社会生活结构的本质特征，可以使具有多样的、重叠的以及冲突的利益关系的群体实现共存和相互依赖，因此具有聚合作用。同时，社会冲突可以作为社会变革的一种机制（Dahrendorf，1959：206–207）。

美国现代社会学的奠基人塔尔科特·帕森斯（Talcott Parsons）也提出了自己的权力观。他从结构功能主义的角度把权力界定为一种社会位置及其占据者的属性，即结构的属性，认为权力是一个人凭借其在拥有权力的组织中所处的位置或地位而获得的。也就是说，社会秩序中的个体，只要身处一定的位置，便占有一定的资源。他在《论政治权力概念》（“On the Concept of Political Power”）和《美国社会的权力分配》（“The Distribution of Power in American Society”）等论文中对权力概念进行了深入阐述。他对权力的思考主要基于霍布斯的权力观，关注人们如何从自然状态下的争斗倾向进入有规范的社会秩序。他强调权力结构，认为政治组织是一种集体行动的方式，旨在实现集体的特定目的，权力是执行决策的能力和手段。

美国社会学家查尔斯·赖特·米尔斯（Charles Wright Mills）对二战之后西方当代社会的权力运作进行了细致深入的研究。他主要受到马克思和韦伯的启发，在《权力精英》（*The Power Elite*）一书中结合当时的社会背景提出，美国是由一群权力精英统治的社会。米尔斯认为社会的权力精英掌握着权力、财富、威信，他们不仅显得高人一等，还自认为在道德和心理上理应如此（Mills：13)。他借鉴韦伯的阶级、地位与政治权力的三分法，提出“政治、经济和军事组成的权力三角”理念，认为在当代社会中，“政治、经济和军事的权力三角不断交融……在任何一个体制内，决策者实施权力的手段都大大加强”（8)。米尔斯也提出自己的当代历史观，他认为并非命运、偶然或者有一只看不见的手决定历史，而是强调“时代的发展更取决于一系列人为的决定，而非不可逆转的命运……在当下的时代，会出现关键的时刻，在这种节骨眼上，一小撮人下决定或者悬而未决，无论是哪种情况，他们都是权力精英”（21–22)。

1.2 文明进程、权力兴起与本质特性

权力同人类的文明进化如影随形。在原始文明时期，人类以群居的形式，依靠采摘野果、狩猎动物生存，当决定谁在群体中可以对食物拥有优

先食用权时，也就产生了原始意义上的权力。当时的部落首领、酋长等权力行使者在职权范围内行使权力。因为生产力比较低下，集体生存是第一要义，所以首领在权力实施中以氏族中所有成员的共同利益为归宿。随着社会的发展，尤其是私有制的出现，原始社会以平均为要义的公共权力受到冲击。奴隶社会新的社会关系呼唤新的权力模式，政治权力和国家权力由此成为人类社会主流的权力范式，并在封建社会、资本主义社会不断巩固和深化。根据马克思和弗里德里希·恩格斯（Friedrich Engels）的观点，在共产主义社会，随着国家自身的式微和消亡，原有的政治权力和国家权力亦相应失去生存的土壤，并被真正意义上的共同体权力所取代。权力不再是一个阶级约束、控制、压迫其他阶级的工具，而是所有人实现自由发展的基石。权力将作为积极的、建设性的力量而存在。

随着人类文明不断进步，权力的范围不断扩大。权力最初发生在即时的人与人之间，而后在时间和空间上不断拓展。权力体现在“关系”之中，必须置于人与人/物的关系或影响之中。就人类而言，权力是一种社会关系，它的主体是人。权力可以存在于家庭关系、社会关系、民族关系、种族关系、性别关系之中，也可体现在政治、经济、军事、科技、外交、教育、文化等领域。

权力有广义和狭义之分。广义的权力，指在人类世界中对人类生存和发展产生影响力的一切力量；狭义的权力，主要是指对他者实施操控、压制的力量。现代政治思想家对权力的性质有多元化的表述，认为权力既具有压制性，又具有建构性。尽管权力概念极为复杂，但其核心内容主要涉及三方面：第一，权力涉及资源掌控和配置，掌握权力意味着把握着一定的资源；第二，权力涉及使用这些资源的能力，意味着行使权力本质上在于分配、调配资源的能力；第三，权力具有双重威慑力，也就是说权力的本质不仅在于行使，而且在于压制反对的声音，这揭示了权力在本质上意味着“施动”以及权力的暴力特征。

从本质上而言，权力是一种力量，是权力持有者影响他人、周围世界的能力，同时也是满足自我需求、辅助自我形塑的力量。权力是内在世界和外在世界的交互，隐含在人与人的互动交往中。基于此，权力持有者或支配者便成为特殊的群体，他们“可以将自己的意志强加于他人身上，自主作出对他人人生或生命影响深刻的决定，或者以牺牲他人的关切为代价、无所顾忌地行事”（Barry：1）。

在当代社会，从源头来看，权力主要包括四方面，即个人权力、资源权力、信息权力和道德权力。个人权力来源于个人的内在特质，譬如智力、决心、体力、自信、外表、亲和力、勇气、尊重和沟通技巧等。资源权力来自控制或获取诸如石油、天然气及其他自然资源，财富，人员和武器的能力。信息权力意味着对事实和数据的了解。一个人掌握的信息越多，可以发挥的力量就越大。道德权力源于价值观、信仰和伦理。一个人按照其所认为的道德目的行事，占据道德制高点，有助于坚定而有力地宣扬其观点，从而产生更大的影响力。

权力的施展立足于人与人、群体与群体、国家与国家的关系中。权力关系既可能是简单粗暴的控制与被控制、抑制与被抑制的关系，也可能是正向积极的引导、激励，抑或是顺其自然地施加影响；暴力控制、道德感化、榜样引导、知识传授都可化身为权力。在权力实施过程中，最常见的形式是强制性权力（coercive power），即通过粗暴或强硬手段实现目的的能力。另外，激励性权力（reward power）、法定性权力（legitimate power）、参照性权力（referent power）、专业性权力（expert power）等都是权力的不同表现形式（French & Raven：263）。激励性权力不同于强制性权力，它采取相关的奖励手段或措施，从而实现相应的目的；法定性权力指组织内各个岗位固有的、法定的权力，也就是成员在组织机构中担任职位并由此产生影响他人的力量；参照性权力是指影响他人成为某个人或归属某个群体的欲望的力量；专业性权力来自一个人在相关领域比他人拥有更丰富或更强的知识或技能，因此具有更大的影响力。在实际操作中，为了实现目的，人们往往将各种权力综合起来实施。上述相关论述也可看作“五种权力的来源或基础”(263)。法定性权力、激励性权力和强制性权力可视作“职位性权力”(position power),参照性权力和专业性权力可视为“个人性权力”(personal power)(Northouse: 8)。

从权力运作角度而言,“竞争性权力”或“压迫性权力”(power over, or competitive power)和“合作性权力”或“平等性权力”(power with, or cooperative power)是权力呈现的两种模式(Joy: 60)。当处于竞争性权力模式时,人们总试图通过相对于他人的优越感来获得权力和自我价值,在对比中彰显权力和存在感。在这种模式中,人们的自我价值建立在贬抑他人的基础之上;为了不感到低人一等,总是故意贬低别人,这也说明因无法控制外在的局面而缺乏安全感。竞争性权力的极端形式表现为掌控或附属,也就是一个个体或集体试图对其他个体或集体实施完全的权力。而所有的权力和控制都存在受害者,比如强奸、大屠杀、奴隶制、动物压榨。所有形式的压榨都源于竞争性权力模式(power-over model)。在现代社会中,大部分竞争性权力的运作和表现形式相对比较隐蔽,更多体现“在心理而非身体控制之上”(62)。“心理权力”(psychological power)的实施,并不会直接剥夺“个人权力”,而是摧毁其意志力,剥夺人们关于权力的“信仰”,使这些人“不再信任自我观察,质疑经历的真相,丧失自我控制感、信心,陷入自我怀疑和羞耻之中”。当一个人陷入压迫性权力模式,便会产生自我“失权感”(disempowered),且认为增强权力和价值感的途径在于贬低他人(63)。竞争性权力本质上是一种虚妄的权力,基于自我价值源于外在、源于在他人面前的优越感这一前提。同竞争性权力完全不一样,合作性权力范式下,人们权力感的获得途径和方式并非“夺权”、否定或贬低他人,而在于赋权和增强他人的自尊感和自我价值感。合作性权力强调权力双方的平等和对等地位,往往具有建设性,可增强双方之间的关系,拉近双方之间的距离。

权力双方之间的距离问题受到研究者的高度关注。“权力距离”(power distance)这一术语最早由荷兰社会心理学家毛克·穆尔德(Mauk

Mulder）提出。穆尔德将权力界定为“决定或指导其他人的潜在性行为，而非相反”，而“权力距离”则指“同处于一个社会系统中的一个不够强大的个体和一个强大的他者之间不平等的程度”（Hofstede：71）。穆尔德认为，不同个体有不同的权力，这种权力分配的不均衡性和程度就是权力距离，这种权力具有一定的流动性，“那些权力较大的个体试图维持权力，并尽可能拉大和那些具有较低权力个体的权力距离，而那些拥有较低权力的个体则试图缩小同较高权力个体的权力距离”（Gupta：132）。

吉尔特·霍夫斯泰德（Geert Hofstede）借鉴了穆尔德的概念，提出权力距离是指“等级关系中双方间的权力差距，即一方可以决定另一方的行为或一方的行为为另一方所决定的程度”（Hofstede：71），或者说“一个国家的机构或组织中不够强大的成员预期或可以接受的权力分配不公的程度”（Jandt：172）。霍夫斯泰德认为，权力距离很早在家庭关系中就得以形成。另外，权力距离也指“一种文化中权力、威望和财富分配的程度”（172）。在权力距离较大的文化中，权力和影响通常比较集中。霍夫斯泰德基于对西方国家的调查和研究，认为有四个重要因素和权力距离密切相关。第一，地理纬度因素。纬度较高的地区权力距离往往相对较小。第二，人口因素。人口越多，权力距离一般倾向于越大。第三，财富因素。物质越富足、经济越富裕的国家权力距离倾向于越小。第四，语言和历史因素。霍夫斯泰德认为，罗曼语族（西班牙语、葡萄牙语、意大利语、法语等）的国家权力距离较大，而日耳曼语族（德语、英语、荷兰语、丹麦语等）权力距离较小（174）。但需要注意，在使用权力距离概念时，我们需要保持思辨的态度，认识到其简化和刻板印象的风险，充分考虑文化的复杂性和动态性，避免单一维度的分析，以获得更全面的认知。

除了人与人之间的关系，国际政治和国际关系也是典型的权力关系。温斯顿·丘吉尔（Winston Churchill）所作的“世界上没有永恒的敌人，也没有永恒的朋友，只有永恒的利益”的论断，事实上折射的就是国际事务中国家追逐利益、相互博弈的权力关系。从历史角度而言，拥有强大军事、经济力量的国家在国际竞争中占据主导权。在16世纪，对殖民地和黄金的控制使西班牙拔得头筹，17世纪的荷兰在贸易中强盛，18世纪的法国依靠人口和军队获得优势，19世纪英国依靠工业革命和强大的海军得以强盛，20世纪美国依靠两次世界大战，尤其是在第二次世界大战中积累的物质财富和军事力量占据世界主导地位。不同世纪国家地位的变化是国家权力流变的直接表征。

在21世纪的国际政治和国际关系方面，国际舞台上各个国家之间的权力关系正在发生深刻变化，有关权力的新的表述不断涌现。其中，硬实力（hard power）、软实力（soft power）、锐实力（sharp power）和巧实力（smart power）等术语都受到重视。其中，硬实力指的是一个国家的疆域、经济力量、军事力量和其他物质力量，以及对其他国家施加强制性影响的能力。软实力是一个国家的内在凝聚力、精神力量以及本国的文化、价值体系和意识形态对他国的感召力和吸引力。软实力这一概念由美国著名政治学家约瑟夫·奈（Joseph S. Nye）提出。奈认为“传统经验一直证明，拥有最强军事力量的国家会占据主导地位，但在信息时代，或许那些最会讲故事的国家将会获胜”（Nye：x）。这也就是奈提出的软实力的本质内涵。软实力可理解为一个国家“叙事”或“讲故事”的力量（Nadkarni：143）。硬实力和软实力二者相辅相成，软实力的提升有助于硬实力的充分施展。在“软实力”一词的基础上，2003年奈提出“巧实力”概念（Nye：160）。在《软实力：世界政治的成功之道》（*Soft Power: The Means to Success in World Politics*）一书中，奈对“巧实力”作了进一步界定，认为它是“综合运用硬实力和软实力从而成功达到目的的策略”（xiv）。巧实力是硬实力和软实力的融合形式，即充分利用所有能够支配的工具，包括外交的、经济的、军事的、政治的、法律的和文化的，在不同情况下选择相应的工具或者工具组合，是一种软硬兼施，能“不战而屈人之兵”的策略。美国政治家亨利·阿尔弗雷德·基辛格（Henry Alfred Kissinger）曾提出“21世纪是中国的世纪”，历史学家尼尔·弗格森（Niall Ferguson）

同样提出这一观点(转引自Gries：66)。近些年随着中国实力不断增强，“讲好中国故事”的步伐也在加快，尤其是“中国智慧”和“中国方案”的国际交流增多，部分西方学者对此感到焦虑，提出“锐实力”一词。锐实力是西方学者对中国、俄罗斯等在外交事务中表现出的不让步姿态的主观描述，具有明显的不可告人之目的。

由以上分析可知，权力是基于身体、政权、机制、制度和机构的力量，权力和地位、财富、声望等密切相关，既可以是一种静态的能力，也可以是一种动态的执行力和影响力。它内涵丰富，具有以下多种特性。

时间性。权力是一张时间之网，在时间中产生，并将在时间中消亡。第一，权力同社会万象一样，源于原始文明，随着文明进程不断演化，并将在人类共同体，即共产主义社会的发展过程中最终消失。第二，掌握时间的人将掌握更大权力。时间意味着效率，效率是一种生产力，优势地位的确立往往体现在时间和效率中。在战争中，可以更早到达制高点的一方将在战局中占据优势地位；在科技创新上，用更短时间实现突破的，在竞争中将占据优势、拥有权力。

空间性。一方面，权力的大小、强弱都与空间直接关系。一个人权力愈大，所能施展的影响力愈广。人类权力可以影响物理空间的面貌。另一方面，外部空间的自然资源成为权力的重要支撑和来源。物理空间中的大自然本来不是权力的范畴，但当人类把自然之物变成原材料、生产资料、商品，或影响他人的媒介或载体时，大自然就被纳入权力范畴。权力可以实现支配、操控，将稀有资源转化为权力资源或权力资料。在当今经济全球化和地球“人类世”时代，整个地球空间，包括空气在内都成为人类权力实施的重要载体。对权力的渴望是人类社会发展的重要动力源泉，而对权力的贪婪又是导致矛盾、冲突和社会灾难的毒瘤。

情境性。权力都是基于情境的，有一定的适用范围，这意味着一个人的影响力受到特定环境的影响，因此，权力从来不是恒定不变的。有权力的人在某些情况下也会丧失权力。因此，一个人的权力取决于其所处的环境和在这一环境中所扮演的角色。

权力还具有其他一些特性。首先，权力具有**内在性**和**延伸性**。内在性指权力所能直接涵盖的范围，即影响力可直接施加的范围；延伸性是指权力会产生超出某一职务、头衔之外的影响力。其次，权力具有**无意识性**和**有意识性**。一个人可以有意识地运用所控资源主动地实施影响，也可能会因为所掌握的资源而在无意识中对他人产生影响力。另外，权力的影响力是辩证的。在感情色彩上，人们对权力具有不同的认知。从传统意义而言，尽管人们都想获取权力，却又因羡而不得而倾向于将权力一词贬义化，因此权力往往意味着控制、压迫、不平等。事实上，权力是辩证的，既可以产生负面影响，也可以带来正向作用。权力可以导致暴力，加剧不平等和贫富差距，亦可维持和平，实现公平、正义和民主，成为追求幸福的重要途径。

权力是一种建构和生成，蕴含着一种思维方式，比如西方现代话语体系中的权力结构基于西方与东方、白人与有色人种、殖民者与被殖民者、男性与女性、文化与自然、中心与边缘等二元论范式。权力既是一个中性词，也可以有预设内容；既具有建设性，也可以有破坏性；既可维持机制，也可颠覆秩序。权力是抽象的，如同一个巨型网或超级物弥漫在人类的生存时空；权力又是具体的、可感知的，一个眼神、一个手势、一句话都可透露出权力的威严，一匹马、一件衣服、一辆车、一间房、一根拐杖都可作为权力的象征。权力是一种掌握资源的能力。资源既可以是物质的，也可以是非物质的；既可能是可见的，也可能是不可见的。万物都可作为资源，如自然资源、物质资源、信息资源、话语资源、网络资源等。

在国际关系和国际政治中，权力可分为物质权力（material power）、观念权力（ideational power）和话语权力（discursive power）三种类型（Tocci：11）。一个国家的物质权力主要包括军费、军队的规模和力量、疆域大小、人口数量、自然资源等。观念权力包括一个国家的民族品格、外交风格、政府威望和道德感召力等，这类似于奈提出的软实力概念。如果说一般权力是达到预期结果的能力，观念权力则是通过国家的魅力、感召力，以非强迫的方式得到预期结果的能力(13)。观念权力是在交往过程中，使他方改变原有的观念，接受特定的标准、决定和政策的力量。话语权力涉及知识与权力的关系。权力不仅仅基于物质权力的强制或胁迫力量，也不仅仅是观念性权力强调的社会交往或规劝，还在于其“生产性”，涉及“身份的形塑或定位”(17)。因此，权力不仅在于强加、限制，还涉及推进具体的观点、立场和政策，更重要的是形塑身份和产生意义，这正是话语权力的内涵。知识的形成促使权力的施展，同时权力又在某种程度上决定着真相和知识的阐释。因此，知识生产和权力施展是相辅相成的关系。

在当今世界，涉及全球环境资源的生态权力(ecological power)备受关注。简而言之，生态权力是控制环境的能力。操纵或改变环境可能会“说服”他人以某种方式行事。为了保护生物多样性或珍稀物种而颁布某种政令，比如某一水域的禁渔令，这便是实施生态权力。人类世语境下的生态权力，则以整个地球为权力场域，本质上是一种约束力，既可能是一种压迫力量，也可以是一种建设性力量。

可以说，亘古至今，人们对权力的讨论和思考从未停止。人们试图界定权力，研究权力的运作机制，考察权力的特性，揭示权力的本质，并以权力为视角分析人类的行为方式、心理以及各种社会现象、社会问题等。在所有同权力相关的研究中，对权力的界定是核心问题。但是权力本身内涵极为丰富，可以分为以下八个维度，不同维度编织成一个立体的、动态的网络，形成权力之网。

第一，权力的力量维。权力是一种力量或能力，这一观点是对权力最原始、最经典的界定，也是人们深入研究和论述权力的基础和起点。权力是一个个体、团体或组织所具有的影响与控制其他人、团体或组织的力量，凭借这种力量，可以使得对方的言语、行为方式等符合自己的期待或要求。可以说，所有关于权力的探讨都立足于这一维度，这也是权力内涵的本质和根基所在。这一观点以亚里士多德、洛克、卢梭、韦伯等人为代表。这一维度对于权力研究具有普遍意义，也是所有权力研究的基础。

第二，权力的关系维。权力总是体现在人与人之间的社会关系之中，剥离了社会关系，权力便是无本之木；更重要的是，权力更多是一种支配与被支配的不平等关系。这种支配关系的形成可能是因为不同的家庭背景、身份或社会地位，也可能是由于不同的资源配置能力等。韦伯、罗素等思想家都强调从社会关系的维度思考权力。这一维度也是权力考察的基本视角。需要指出的是，新时期的权力关系研究，不拘囿于人与人之间的关系，人与自然、人与其他物种、人与智能机器人之间的关系也可以形成权力关系，这拓展了权力研究的版图。

第三，权力的空间维。权力的实施往往处于一定的空间中，物理空间本身可能就蕴含着独特权力关系，充斥着排斥、压迫和不平等，是阶层、阶级分化的基础，是区隔不同社会地位、背景人群的重要手段。这里的空间既可以是天然的物理空间，也可以是特定的人为或人造的物理或非物理空间。特定的空间往往具有一定的封闭性和排他性。能够进入该空间的人可以获得一定的权力，同时在空间内部可能出现权力的进一步分化。空间既可以是权力实施的重要工具和媒介，也可以是权力实施的具体表征和呈现。

第四，权力的资源维。权力和资源密切相关。霍布斯、帕森斯、安东尼·吉登斯（Anthony Giddens）等都强调权力的资源维度，认为权力就是一种资源，一种存在于一定的社会秩序和社会关系之中，由一定社会主体所占有的，对其他人或团体产生支配性力量的社会资源。这种资源可以使得特定人或人群在生存、生活、发展上占据优势地位，实现自我意志和愿望。除了社会关系等社会资源外，这里的资源还可以指物质层面和非物质层面的资源。物质资源包括人类赖以生存或得到更好发展的物理性资源。非物质层面的资源可以指信息资源、知识资源等。权力的实施和运转基于对人类生存、发展资源的控制之上。可以说，社会上的所有不平等、不公正都与资源的占用和分布不均有关。权力的稳固与流动也都与资源掌控的局势和变化相关。

第五，权力的微观维。权力的运作和实施不仅涉及国家层面的权力，还更多地体现在普通人的日常中，它不仅仅集中于核心权力，而且在持续的流动中展现其影响。权力的微观维突破了传统观念中仅将权力视为法律、阶级、国家等宏观结构性存在的观点，对权力的理解沉降到社会的最边缘、最底层存在，使权力的关注点拓展为微观政治研究，性别政治、种族政治、生态政治中的权力问题相应进入研究视野。因此，权力既体现为宏观权力，也呈现为微观权力，二者形成一种紧密的互动和网络关系。这一观点以福柯的权力观最为典型。

第六，权力的身体维。权力的实施，无论是影响、控制，都离不开人类身体这一基础性条件。权力在运行过程中，无论是抑制、压迫还是激发或促进作用，都依赖于对人类身体的掌控，身体也是进一步推进权力、实现精神引导的基础。因此，对权力的思考与探讨往往离不开对身体、人类生存境况的关注。

第七，权力的知识维。知识就是权力，信息就是权力。权力的实施和运作需要借助载体，而在当代社会中，媒介不仅是一种渠道，其所传递或传播的符号、知识和信息也成为重要的权力。知识权力指国家、统治阶级或者利益攸关方通过操控媒介、知识实现对被支配者的信息控制，迫使被支配者服从于支配者的要求。随着社会发展，知识权力的作用越来越大，通过控制媒介和信息传播特定的“符号—意义”体系和知识，以媒介、故事的方式建构人们的认知世界、价值体系以及相应的思维方式和行为习惯。在当今社会，尤其自媒体时代，知识权力往往不完全掌握在官方机构手中，而是下沉到每一个微观媒介渠道。

第八，权力的生态维。在21世纪，环境危机已经成为威胁人类自身生存的严峻挑战，人与自然之间的关系不仅成为权力运作的重要内容，也在改变着权力的内涵。权力不再局限于传统的社会范畴，而是拓展到全球的整个自然系统。权力生态维度的探讨关涉人类社会的延续、人类物种的生存。权力的生态维提醒人们反观人类自身的行为，无论是个体的还是集体的，都会对整个生态系统产生影响，而这种影响正在变得越来越显性化。

可以说，以上八个维度构成了权力研究的各个侧面，为权力概念及其内涵的深入探讨和实践运用提供了重要参考。

1.3 权力研究的当代意义

权力渗透于社会以及人们生活的方方面面。人生活在社会之中，要在社会上立足，必须意识到权力无所不在。每个人都是社会机体的一分子，处于时代的、社会的权力网络之中。权力研究有很强的当代意义。一个社会就如一个有生命的有机体，有骨有肉，更重要的是需要血液时时刻刻流动到身体的每一个部位，每一根毛细血管，这样的有机体才有生命力。一个社会也犹如一台复杂的机器，权力可视作推动这台机器运作的动力。

首先，通过对权力概念内涵的梳理，可以帮助我们从历时角度更好地把握其概念的流变，尤其可以更深入地把握现代社会的政治生活及其运行机制。权力有强烈的政治色彩，从历史视野把握权力的政治内涵，也可以更好地了解人类文明进化的规律，更深刻地理解自由、平等、民主的意义，同时认识到暴力、冲突等社会现象发生发展的深层机制。军队的、法律的、制度的权力手段无不反映着权力拥有者的意图，因此对权力的研究可以帮助我们对整个时代乃至整个人类文明进程有更深入的认识。了解权力的作用可以促使我们追求一种更为和谐的政治权力。

其次，对权力的认识可以让我们更好地理解社会万象并审视社会兴衰之规律。权力意味着力量，整个社会都是在一整套完整的权力规则之下运作的，人类社会整体的发展走向、人类的命运都同整个社会的权力运作相关；权力可以发挥形塑作用，可以促进或阻碍、引导或误导一个社会的走向，无论是什么走向，都同权力规则制定者密切相关。社会的正常运作基于权力的有形或无形之手，在任何社会，权力都具有多层次性，在国家权力的基础上，其他权力围绕核心权力展开。在此基础上，我们可以更好地审视和理解各个层面的社会现象。

再次，理解权力可以帮助我们更好地把握个体行为和命运。在现代社会，每个人都是权力网络上的一个点，都处于权力关系之中，个人的认知、言语、情感和行为都受到所在权力场域的影响，个人命运也同至高权力、生命权力密切相关。理解权力内涵、把握权力本质对于更好地塑造自我、实现自我价值，具有重要的借鉴意义。

最后，对权力的深入把握对于开展文学研究具有重要的启发意义。文学是“人学”，涵盖社会的方方面面，反映社会万象。因此，呈现、再现人类社会、历史和人类心理的文学作品蕴含着丰富的权力话语。可以说，任何文学作品都包含权力问题，蕴含着权力主体和客体之间权力关系的变化，不同权力间的矛盾和斗争，权力秩序的危机、破坏与建构等。对文学的研究势必聚焦社会关系网络中的人，而对人的研究必然无法绕开权力二字。无论是作品中的战争、冲突抑或和平状态，还是情感或两性关系、种族关系、人与自然的关系等，都离不开对所处社会历史语境下权力机制运作的把握。本书首先对西方权力观进行梳理和总结，然后立足西方文学文本，考察西方作家对权力关系的想象和再现，透视各种权力在作品中的呈现、实施和运作。

文学都是在特定时空、社会历史语境下生产的，其思想内涵受社会、历史、文化等因素的制约，作品皆由特定的权力关系或权力运作机制生产而来，服从或服务于特定的社会权力关系，呈现为对社会权力关系的反映和反思。权力是文学研究的内核，西方学者在这一领域已取得了部分研究成果，比如《青年读者文学中的权力、声音和主体性》(*Power, Voice and Subjectivity in Literature for Young Readers*)、《阿根廷文学中的女性和权力》(*Women and Power in Argentine Literature*)、《1920年代女性小说中的性别、权力和愚昧的婚姻》(*Sex, Power and the Folly of Marriage in Women's Novels of the 1920s*)、《英语哥特文学中的财产和权力》(*Property and Power in English Gothic Literature*)、《权力与文学：浪漫主义小说中的颠覆策略》(*Power and Literature: Strategies of Subversiveness in the Romanian Novel*)、《文学批评中的意识形态和权力》(*Ideology and Power of Literary Criticism*)等。本书在探讨权力内涵的基础上，主要结合西方文学作品对权力进行深入阐述，涉及阶级、性别、种族、身份、伦理等文学研究核心话题。

第二章 西方权力观的多维阐释和建构

权力现象贯穿于人类发展的历程，对权力的思辨性研究构成了人文社会科学的永恒主题。无论是在哲学、政治学、人类学还是社会学、文学领域，权力概念都受到广泛关注和讨论，其中，政治哲学、社会学等领域的探讨最为深刻。历史上许多政治哲学家、思想家凭借对权力主题的研究而闻名于世，其中以马基雅维利、霍布斯、汉娜·阿伦特（Hannah Arendt）、福柯、吉奥乔·阿甘本（Giorgio Agamben）等为重要代表。他们往往从历史视域出发，考察社会中的种种权力现象，发掘权力的内涵、表征，为其他领域的相关研究提供了重要参照和借鉴。

2.1 西方早期思想家的权力观

西方历代思想家极为关注人类社会中的权力问题，尤其对政治生活中的权力作了相关探讨。可以说，“权力问题是政治研究的核心”（Field: 61）。无论是马基雅维利、霍布斯，还是孟德斯鸠、卢梭，都主要从宏观层面探讨和透视权力，考察国家层面的统治和治理，成为西方早期权力思想的主流声音。

2.1.1 马基雅维利的权力观

从古希腊到文艺复兴时期，哲学家和思想家都在思考国家的终极目的。他们认为国家的政治权力是进一步实现其目的的途径和手段。从柏拉图到亚里士多德，再到中世纪的思想家，都非常关注国家目的这一核心议题，认为国家权力是在道德层面实现更高追求的手段。但是意大利政治家马基雅维利却开创了另外一种思路。

对马基雅维利而言，国家权力是国家的终极追求，即每个国家都必须以权力的最大化为终极目标。一个国家最重要的任务就是获取、延续和拓展国家的权力。在他看来，国家是人类关联的最高形式，对于提高人类的福祉是必不可少的；为了国家的利益，甚至可以牺牲个人的利益，统治者必须牢记，唯有权力才可能带来成功，而为了获取政治权力则可以采取任何手段。政治家在组织国家、保障国家安全安定方面发挥着重要作用。

马基雅维利的经典著作《君主论》被誉为权力政治的指南，其核心在于探讨权力的获取、维护，以及政治策略的运用。可以说，马基雅维利的《君主论》是讨论现代权力政治必不可少的参考书。

《君主论》共26章，主要分为两大部分，分别聚焦政体学说和君主统治术。他将政府分为共和国和君主国两种形式，阐述君主国应当如何统治和维持，认为君主应当依靠暴力和讹诈手段进行统治。他摒弃神学的束缚，以人性恶为依据，认为国家的产生并非上帝意志，而源于人性之恶，认为人天生就会为不同利益而争斗。他首次将政治与伦理道德剥离，指出政治的基础是权力而非伦理道德。《君主论》不是关于政治科学的学术著作，而是一本关于统治术的书，以进谏的形式写成，供统治者参考。

马基雅维利深入考察了领导力、权谋、国家实力以及道德在政治中的作用，关注“权力用来做什么”，注重对权力实施策略的阐释。在权力问题上，马基雅维利不持任何伦理立场，并不热衷于权力建构。他更关注权力策略，认为权力不隶属任何人或地方，只是保障了“一个人在更大范围内采取行为的策略的有效性”（Clegg：32）。马基雅维利对权力界定的重要根基在于暴力，认为暴力是权力得以实施的条件，“权力的核心在于暴力，施展权力往往涉及对他人或他物的暴力”（33）。

马基雅维利政治思想的形成源于他对于政治现实的经验。他于1469年出生在佛罗伦萨，后进入政府担任佛罗伦萨共和国第二国务厅长官，时常出使意大利各地（分裂状态）和法、德等国。1512年，美第奇家族推翻佛罗伦萨共和国，执掌政权，次年马基雅维利被投进监狱，他在被释放后开始写作。

马基雅维利生活的时代是教皇和王权发生激烈冲突和较量的时代。他的从政经历和政治体验对其政治观的形成产生了重要影响。十余年的政治生涯使马基雅维利意识到君主权力以及富国强兵的重要性。在某种意义上，《君主论》是他长期从政经验的理论性总结，其核心是关于“权力”的论述。

为了更好地理解权力，马基雅维利采用实证的方法，对欧洲中世纪的国家进行了深入研究。在中世纪的封建国家，国王往往把国家分成若干部分，每个部分又由贵族统治，各部分之间缺乏统一的法律和中央治理。欧洲的封建制度一度混乱，结果是教会成为一种“超级权威”（superior authority），导致精神和现世权威的持续性冲突。教皇凌驾于所有君主之上，国家成为教会的监管系统，形成了一种类似于隶属的关系。马基雅维利主张要将宗教和政治剥离开来，打破中世纪政治权力受制于教会的传统，提出国家是最权威的、自主的、独立的。

马基雅维利政治思想本质上是一种权力政治观，强调权力是政治最核心的要素。在他看来，教会宣扬的道德规范对统治者而言并无益处，对于统治者而言，最重要的就是权力，权力是一切的根基，为了获取权力可以不择手段。因此，政治就是对权力的争夺，所有的政治都是权力政治。政治充满了尔虞我诈，是最危险的游戏，政治玩弄不可能以体面的、有序的方式进行。君主唯一的目标就是让国家不断强大且团结，建立和平秩序并抵御入侵者，只要能实现这个目标，任何手段都是值得的。

功利主义和实用主义思想集中体现在《君主论》中。在他看来，统治权是一个国家最根本的问题，而保持权力是政治的最终诉求。权力政治观主张国家的本质就是权力，所谓的政治就是围绕权力进行争斗，统治者最重要的任务就是维护权力，并且为了达到掌握和强化权力的目的，可以不计一切代价。因此，在马基雅维利看来，权力是政治生活的精髓，是绝对权威；他不否定道德，但道德也只是君主维持权力的手段。马基雅维利认为国家高于人类社会的一切组织形式，拥有主权和自主权，无论是道德还是宗教都不应成为君主的束缚。君主高于道德并游离于道德之外，宗教也只是实现目的的手段。宗教不应当影响政治，教会也不应控制国家。主权国家对所有个体和机构行使绝对权力。

马基雅维利着重思考的是如何维持君主的权力。他认为一个成功的君主要兼具狐狸和狮子的品质，既要具备狐狸的狡猾和预判能力以明晰目标，又要具备狮子的力量和勇猛来实现目标。在他看来，道德和政治的关系是双面的。统治者不需要道德，其主要职责是维持国家秩序，为了实现这一目的，可以使用谎言、阴谋、杀戮，乃至大屠杀等手段，绝对的道德在政治中既不可能也不必要。而对于子民而言，道德极为重要，只有那些有道德感的民众才会遵守国家法律并乐意为国家献出生命。

至于权力维持和军队之间的关系，马基雅维利强调稳定军事储备对维持权力的重要性，认为君主应当组织一支强有力的军队以应对内部或外部的可能威胁。国家应当建立起独立的、规范的、忠诚的军队，军队应当由本国居民组成，时刻准备保家卫国，以及对外扩张。

马基雅维利权力政治分析的一个重要立足点在于他对人性的见解。他认为人类混杂了脆弱、恐惧、自私和觊觎权力等特质。人性存在两大特征。其一，在本质上，每个人都是有野心的、难以满足的，人的欲望就像一个无底洞，这是冲突和战争的根源。因为人类是自私的、有攻击性的，所以总会出现矛盾和竞争。第二，民众都渴望安全，他们意识到只有国家法律才能保障他们的安全，因此也乐意遵守法律。同时，统治者必须采用武装力量震慑民众，因为人们对武装力量心存恐惧。既然人在本性上是自私的、渴望权力的，那么对惩罚的恐惧就是一个有力的统治手段。

马基雅维利对于西方现代政治思想作出了重要贡献，被认为是西方现代政治思想的奠基人，他是权力政治的倡导者，也是首位将政治同宗教剥离的思想者，在国家治理方面提出了诸多开创性观点。他的权力政治观直接影响了奥利弗·克伦威尔（Oliver Cromwell）和拿破仑（Napoléon Bonaparte）等统治者。可以说，《君主论》是极权主义统治者的一本教科书，对统治者而言是一本治理指南。但必须指出的是，马基雅维利的权力政治具有较多局限性，也招致了很多批评。他认为权力政治是手段，而终极目的是实现极权统治，这容易导致狭隘的民族主义，引发战争，同时也忽视了个人自由、平等、正义、仁爱、道德等。

2.1.2 霍布斯的权力观

马基雅维利关于权力的相关观点在17世纪得到英国哲学家霍布斯的进一步发展。霍布斯被称赞为“写就了最伟大的政治哲学的英语创作者”，同时是真正的、卓越的权力哲学家（Oakeshott：223）。霍布斯支持“绝对国家”（absolute state），他的核心观点集中体现在《利维坦》一书中。霍布斯倡导的“绝对国家”是一种“绝对主义”（absolutism）。根据他的社会契约论，为了保护民众，人们必须由“利维坦”[1]进行统治。

霍布斯对权力有独到见解，他认为权力的本质在于人们意图“取得某种未来的具体利益”（Hobbes，1958：53），这种具体利益无非是指一个人“自我保全”（self-preservation）所需要的基本生活条件。霍布斯认为，“自我保全”是人类最重要的本能，也是人类一切活动的根本动机。因此，自我保全就成了人的最高权利和自由，按照这样的逻辑，凡是符合自我保

1 “利维坦”指一种威力无比的海兽，霍布斯以此比喻君主专制政体的国家。

全目的的行为都是正当的。人类从来不会满足于当下的境况，因此总会有增加权力的动机。同时，人们总是试图维持所拥有的，而这没有权力便很难做到，因此人们总是试图获取权力。霍布斯在《利维坦》中写道："我认为全人类共同具有一种普遍的倾向，即一种至死方休、永无止境地追求权力的欲望"（72）。这种倾向被后来的政治哲学家称为"人类追求权力的天性"（man's natural lust for power）（de Maistre：10）。因此，个人权力首先是个人自我保全的本能，它导致人们自觉地、无休止地追求权力，从而在某种程度上成为权力的奴隶。值得指出的是，霍布斯是历史上第一位力图排除社会因素，从生物人的角度考察权力的政治哲学家。霍布斯以极为直白的方式揭示人类的"自然状态"，在这种状态下，"人们不断处于暴力死亡的恐惧和危险中，人的生活孤独、贫困、卑污、残酷而短寿"（Hobbes，1958：95）。由于对欲望缺乏一种超越个人权力的制约，如果两个人不能享受同一样东西，他们便成为敌人。人们为了实现自我保全不断相互争夺，于是陷入一切人反对一切人的战争状态。自然状态使得人人自危，人与人往往处于敌对状态。人类社会进步的意义就在于对人类自然状态的超越，其重要的途径就是缔结社会契约。

在早期著作中，霍布斯经常将"权力"和"能力、机能"（faculties）一词混用。一个个体的权力就是"这个人身心的能力……换言之，对于身体而言，涉及滋养的、再生的能力和动能，而在心智方面，则指知识"（Hobbes，1994：34）。另外，霍布斯其后将权力的内涵拓展到"第二性权力"（secondary power）："新的权力是通过财富、地位、友情或者紧密的关系、好运而获得的"（34）。

霍布斯主要从三个层面探讨权力：自然的、政治的和隐喻的。作为自然性概念，权力是指物理权力，既可以指自然的力量，也可以指人类或者其他生命行为的力量。关于人的力量，霍布斯将其界定为："一个人的权力是指用于获取未来利益的当下手段，这里的手段既可以是自然性的也可以是工具性的"（Hobbes，1994：53）。自然性权力（natural power）是指一个人身心方面卓越的能力或者才能，诸如超人的力气、异于常人的聪慧等；工具性权力（instrumental power）是指自然性权力在某些时机成为获得更多权力的手段和工具，比如收获财富、名誉、朋友乃至运气。霍布斯对权力本质的分析具有独到之处，在他看来，“权力就像名声，权力越大，声名越显赫”（53），其本质类似于名声。

在霍布斯看来，最强大的人类权力是由所有人的权力组合而成，所有人都同意让一个人根据他的意志行使他们的权力。从历史来看，斯图亚特王朝的反对派从17世纪40年代开始质疑国王的绝对权力，并将自己描述为自由公民，而非仅仅是国王的臣民。公民的基本权利及其与以国王为代表的主权者之间的权力关系成为政治理论中的热门话题。这推动了政治理论思潮的发展。霍布斯提出构建理想社会的关键在于将权力让渡给一个强大的主权者（利维坦），从而结束战争，并建立契约式现代国家。

在霍布斯的权力观中，国家权力是核心内容。他强调国家权力对于每个公民的重要性，国家权力的强大在于它可以集结每个人的“权力和力量”，并通过国家这个主权者体现出来。在霍布斯看来，每个人总是对现状不满，渴望权力，这就造就了权力动机，因此人总是受到权力动机的驱使。同时，一个人总是试图维持自己的权力，而没有权力则难以实现这一目标。

2.1.3 孟德斯鸠与卢梭的国家权力观

孟德斯鸠和卢梭是18世纪欧洲启蒙思想家的杰出代表，关于权力问题，他们关注更多的是国家权力，提出了一些重要观点，对于政治学领域国家权力理论的发展和实践产生了深远影响。

孟德斯鸠的国家权力理论以分权为基本特征，其基础是“性恶论”，认为人性中总是蕴含着丑恶、私利，并且“权力总是造成腐蚀，绝对的权力造成绝对的腐蚀”，认为“一切有权力的人都容易滥用权力，这是万古不移的一条经验。有权力的人们使用权力一直到遇有界限的地方才休止”

（孟德斯鸠：154）。基于这样一个事实，孟德斯鸠主张一定要对权力进行约束，而有效的手段就是以权制权，将国家权力分为立法权、行政权和司法权三种，实现“三权分立”，相互牵制。

卢梭强调“性善论”，在他看来，人类本来纯真，是善良的、朴素的、无私的，而当人类逐渐脱离了自然状态进入文明社会后，人类本性中的真善美受到抑制，走向邪恶的一端。他指出，“随着人类日益文明化，每个人都开始注意别人，也愿意别人注意自己。…… 这就是走向不平等的第一步，同时也是指向邪恶的第一步”（卢梭，1982：118）。基于人类由“善”到“恶”的转变，卢梭认为，立法的目的就是构建一种公平、公正的权力体系，保障人们自由、平等的权利，从而使得人们恢复自然状态下的美德、善良和纯真。启蒙思想强调政治与道德、政治与宗教相互间的剥离，而卢梭在建构国家权力理论中，却坚持政治与道德、政治与宗教的统一，这也是他国家权力理论的重要基石。在卢梭看来，理想的权力结构有助于培养有道德的公民，重建人在自然状态下的美好道德。国家权力是“一切个人力量的联合”，是“一种普遍的强制性力量”（卢梭，1980：41）。

2.2 西方当代思想家的权力观

在经历了两次世界大战之后，20世纪下半叶的西方进入了快速发展时期，整个社会发生了深刻的变化。社会结构、社会秩序的急剧变化引发了人们关于权力的更多思考。在众多思想家中，阿伦特、福柯、阿甘本、皮埃尔·布尔迪厄（Pierre Bourdieu）等重新审视权力的本质、作用、操作机制、运作形式等，提出诸多洞见，对于理解当代西方社会的权力机制具有重要启发意义。

2.2.1 阿伦特的权力观

阿伦特是西方学界公认的20世纪最具影响力的政治哲学家之一。尽管阿伦特在著作中从未使用过"生命政治"（biopolitics）这一术语，但关于生命政治的权力议题仍是阿伦特思考的核心问题之一。阿伦特把权力理解为"通过非强制的交往就行动的共同进程达成一致意见的能力"(哈贝马斯：181)。在她看来，权力是"人类特有的属性，它独存于人与人之间的现实交往空间中。人们通过做出承诺并信守诺言，在建立共同体的过程中彼此联结，而在政治领域，这种许诺和践诺的能力或许是人类最崇高的天赋"（Arendt，1990：175)。阿伦特对权力的深刻理解源于她个人特殊的民族身份和社会现实体验。身为一名犹太人，她在第二次世界大战期间目睹纳粹对犹太人的残忍戕害，对极权社会深恶痛绝，因此她的研究重点在于对西方政治体制、极权主义本质的思考、警示和批判，旨在探索更优良的社会政治。

阿伦特的权力观的一个重要基础是她对权力和暴力之间关系的理解，这也是她研究的独到之处。在现代政治理论中，霍布斯、韦伯等对政治合法性、政治恐惧、政治暴力的思考产生了重要影响。谁拥有实施暴力的权力、什么可以使暴力合理化、暴力行为有什么局限性等往往是政治的核心问题。20世纪，两次世界大战以及种族灭绝式的暴力促使人们更为深刻地思考权力。阿伦特对现代主权政治进行反思，致力于建构一种更好的政治形式。阿伦特著述颇丰，她关于权力范畴的分析以及暴力与权力关系的思考颇具启发意义。在《论暴力》(*On Violence*)一书中，阿伦特对权力、力量、强制力、威权和暴力进行了区分，认为这些都是人统治人的手段。阿伦特认为，权力"从来不是一个人的特征，而属于群体，并且只有群体存在时，权力才会产生作用……而当这个群体开始消失时，'他的权力'也随之消弭"（Arendt, 1970：44)。也就是说，权力是人协调行动的能力，权力往往属于特定群体，只有这个集体作为一体时才能存在。

传统观点认为，暴力是权力的一种极端形式，尤其在威权社会，暴力是权力的重要支撑，但阿伦特对暴力持消极态度，提出暴力和权力相对立、隔离、不兼容的观点。在《论革命》（*On Revolution*）一书中，阿伦特探讨了革命、暴力和权力之间的关系。在她看来，暴力是革命的表现形式，往往意味着旧的权力体系的崩溃和新的权力结构形成的可能性（Arendt，1990：257）。她认为暴力的"工具性"意味着暴力都是"消极的和非政治的"（Ashcroft：4），在她看来，"权力和暴力不能同时发生效力"，暴力只会破坏权力，却无法代替权力（Arendt，1970：94）。她对政治的理解往往是同暴力相对立的，也就是说，"暴力不应当是政治的"（Ashcroft：4）。"一旦一方占据了统治地位，另一方就会步入消亡。当权力陷入困境时，暴力随之出现，并随着权力的消失而结束"（转引自Wrong：26）。也就是说，权力和暴力都是试图实现控制的手段，当权力实施的其他途径都失效了，暴力就成为"最终的劝告者"（final persuader）；而暴力的使用，并非权力的根本体现，而是权力崩塌的表征。因此，阿伦特主张权力应当优先于暴力，在政治范畴，暴力被认为是一种不正确的行为。

阿伦特对暴力的理解也使得她的政治观具有独特性。她认为，"所有的政府在本质上都在于权力，而非暴力"（Arendt，1970：51）。阿伦特认为政治应当脱离暴力，作为结构性的暴力不应存在，这是一种理想主义政治观。也有学者提出不同的观点。杰弗里·艾萨克（Jeffrey Isaac）认为阿伦特并不完全否定暴力，认为阿伦特自己也承认"在不是特别完美的政治中，暴力是无处不在的"，任何不接受暴力的政治都是"乌托邦式的"（Isaac：126）。在他看来，阿伦特一方面接受政治中的暴力，一方面又宣称暴力应当在政治之外。

总之，要深入把握阿伦特的政治观，必须考察她所理解的权力和暴力之间的巨大差异。第一，权力无需论证，存在于所有政治共同体之中，而暴力无论如何论证也不正当。权力产生于人们汇聚在一起的协同行动，它从"最初的聚集（initial getting together）中获取正当性，与此形成对比的是，暴力可以被论证，但从来不会正当化"（阿伦特：157）。第二，权力呈现在言语中，而暴力则是沉默的。权力产生于人们的言语行动，“只有在言行未分裂，言谈不空洞，行动不粗鲁的地方，在言辞不是用来掩盖意图而是用于揭露事实，行动不是用来凌辱和破坏，而是用于建立关系和创造新的现实的地方，权力才能实现”（157）。暴力剥夺了人们的言说能力，“哪里暴力统治越绝对，哪里就越沉默”（Arendt，1990：18），用对话说服，而不是用拳头压服，是政治文明的标志。第三，权力和暴力互为对立面，一方占据主导地位意味着另一方的缺场。权力不稳固的地方，暴力便会登场；这意味着暴力的反面不是非暴力。权力产生于众人言语行动的有效性，而无能孕育暴力，暴力又导致无能。无能是指施暴者没有言语行动的能力，亦不容忍人们的言语行动。暴力的天性是要侵夺权力，二者此消彼长。另外，权力的维持和稳固是阿伦特权力理论的重要内容。在阿伦特看来，法治是权力运作的安全阀，“约束和承诺、联合和立约”等，都是权力赖以持存的手段（181）。

2.2.2 福柯的权力观

权力是法国哲学家福柯哲学的“核心概念”（Stone：246），也是其理论思想的根本所在。在福柯看来，大多数人对权力是如何实施的、功能是如何发挥的等问题非常好奇，因此他提出，“在西方工业化社会里，人们最迫切而强烈地关心像‘谁实施权力？如何实施？对谁实施？’这样的问题”（Foucault，1988a：103）。他进一步指出，“如果不能了解权力是如何产生的，也便不可能回答‘谁实施权力’这个问题”（103），他认为“权力关系或许是社会机体中最隐蔽的东西之一”（Foucault，1988b：110）。

从他的第一部著作《疯癫与文明》（*Madness and Civilization*）一直到《性史》（*The History of Sexuality*），福柯对权力的考察一直贯穿其中。他的权力学说融合话语、知识、时间、空间等概念，突破自启蒙时代开始的理性思维对权力定义的规约，超越传统的二元对立模式下对权力思考的框架，创建了一整套逻辑严密的权力思想体系。

福柯认为，人类社会是一种权力社会。他强调权力的关系本质，认为“生活在社会中，权力也就是一些人可以针对其他人的行为而行动的方式”（Foucault，2000b：343）。不同于韦伯所认同的具体方位的权力，福柯认为权力存在于关系之中，权力不是由上及下的、等级式的，而是有多重源头、多种影响和抵抗力量的。他曾言，“权力无所不在，并不是因为它笼罩一切，而在于它源于一切……权力不是几个机构或者单一的结构……权力不是可以获得、抓取、分享的东西，也不是可以抓住或者允许其溜走的东西。权力通过无数个点得以实施，存在于非平等和动态的关系中……权力源自下游，也就是说，在权力关系的最深处，不存在二元对立或者无所不包的对立”（Foucault，1978a：93–94，99）。由此可见，福柯所理解的权力不固定在任何一个具体的位置，被任何一个人掌握，或者在任何一个社会地位上，而是无所不在，始终处于一种向所有方向流动的状态。

另外，福柯的权力观同传统的权力观截然不同。他认为传统的权力观总是否定性的，习惯针对某一对象进行排斥、拒绝并设置障碍，人们总是以司法的形式图解权力，将权力的效应界定为服从，因此可看作一种司法模式。对福柯而言，权力不再是禁止、阻碍、否定和压制；相反，权力是积极的，具有生产性和创造性（汪民安：443）。在《必须保卫社会》（*Society Must Be Defended*）一书中，福柯指出了权力形式的更迭，即从封建–专制主义者的至高权力（feudal-absolutist sovereignty）到资产–资本主义规训权力（bourgeois-capitalist discipline）的转变，并指出“这是一种权力的新形式，已无法用至高权力进行描述。我认为这是资本主义社会的伟大发明之一。这种权力是工业资本主义和相应的社会形态得以建构的最基本的工具之一。这种不同于至上权力形式的非至上权力是‘规训权力’。这种权力用至上权力理论已无法被描述或者解释”（Foucault，2003：36）。对于福柯而言，人类文明发展的历史是持续不断地、更为理性地监视与对待身体的过程。现代文明社会通过监狱、医院、疯人院、军事院所、学校、现代社会等物理空间布局，运用时间安排和监控手段等塑造出“驯服身体”（docile body）（Tammelleo：239）。

福柯认为，从18世纪到19世纪，“规训话语”被生命政治话语替代，生命政治话语不再聚焦于个体以及他们的身体，而是关注作为整体的人口（Zima：17）。人口是福柯讨论的重要话题，他认为“生命政治围绕人口展开，需将人口视作一个政治问题，将人口同时视作一个科学的、政治的问题，视作一个生物学问题，同时也是权力的问题”（Foucault，2003：245）。生命政治不再聚焦规训或直接控制，而是通过医药、心理或者各式医疗话语进行集体治理。

福柯认为权力主要分为三种呈现形式，即传统的至高/主权权力（sovereign power）、规训权力（disciplinary power）和治理权力（governmental power），三种权力编织成一个无处不在、无所不包的权力网。

主权权力是一种自上而下的权力形式，可以说是“赤裸生命的政治”（Kearsley：43），植根于君主和独裁者时代，其根本任务是维持和稳固主权以及统治者的地位，而不是改革或寻求改变，主要在“死亡范畴”上产生效力，关涉个体生命的生存或者毁灭，是一种终极权力。主权权力的实施主体是专制集权，反对个体的主体性建构，强调禁止和惩罚，限制普通人的主动性。

规训权力与主权权力不同，不仅仅是维持自上而下的权威，而是寻求改造群众。规训权力不再依赖威胁或毁灭的手段，而是借助促使或激发生命的方式。规训始于生产各种“成规”（norms）约束人类，并制约“异常者”，强化“正常”（normality）的科学知识。规训权力不仅“回应”个体，更重要的是通过公众规约持续不断地“生产”个体或者自我，生命权力同规训权力相伴相随，通过广泛的自我监视引导着人们的生活，左右着人们对自我的认知，形塑着个人的自我意识和行为。约束人们的规约代替了时刻压在人们头顶的法律，成为社会控制的主要手段。因此，规训权力需要一些关于个体的知识，重视个体的主体性，提升群体和个体的灵魂和体魄。福柯非常重视对规训权力的研究。规训是权力实施的一种策略；作为一种权力形式，规训在18—19世纪出现，"在19世纪20年代，成为西方社会主导的权力形式"（Tammelleo：239）。福柯关于规训权力的相关论述主要体现在1975年出版的《规训与惩罚：监狱的诞生》（*Discipline and Punish: The Birth of the Prison*）一书中。值得指出的是，规训权力是一种"微观权力或毛细血管权力"（micro-power or capillary power）(239)，相比较主权权力而言，在更小或更具体的范围发挥作用，直接影响每一个个体。微观权力是指在大的规训和生命权力（bio-power）下权力的区域化。权力在小的群体中运行，比如家庭、本地机构等。

治理权力是福柯在后期提出的一个概念，同强调改变个体或者群体的规训权力不同，注重风险控制、改造空间以减少失序或者犯罪的可能。如果说，主权权力主要是为了维持权威、寻求稳定，治理权力则是未来导向的，倾向于改变，只要这种改变能够使资源最大化，减少损失（Valverde：23–25）。开展风险评估是治理权力的重要内容。譬如，通过环境设计抑制犯罪而不是在犯罪后将犯罪者送进监狱促使其重新做人，这就体现了从规训到治理的思维转变。

自20世纪70年代后期，福柯的研究重点从规训权力转到了生命权力。1976年3月，他在法兰西学院的一次授课中首次使用"生命政治"一词，并将其界定为"一种全新的权力技术"（Foucault，2003：242）。在《性史》一书中，福柯首次提出"生命政治"一词，并在此基础上界定了两种权力模式：传统威权（classical sovereignty）和生命政治。福柯认为这两者具有明显差异性，前者容易出现"使你死"(死亡威胁）的情况，后者则致力于"使你活"。他认为传统威权是一种"嗜血社会"，权力浸染着"鲜血"，是用刀剑、迫害和折磨实现的。在18世纪末，生命政治理念出现，关注性和物种繁殖，强调生命以及物种延续，同生命自身息息相关，着重"有关身体、生命以及什么使生命繁茂、什么促使物种发展或被使用的权力机制"（Prozorov：5)。福柯认为这是一种不同于传统惩戒技术的新的权力技术，所针对的对象不是作为肉体的人，而是活着的人，或者说，是作为生命存在的人，作为物种的人（Foucault，2003：242）。

福柯习惯采用一种历史研究的方法，这对身体的现代性审视发挥了重要作用。福柯关于生命权力的理解和西方现代性密切相关。对于福柯而言，现代性是指对一种特殊权力的关注，聚焦人口健康以及大规模的对人类生死的管理，生命权力是欧洲“现代性的起点”（Cohen：21），因此生命权力时代也是现代性时期。

福柯将生命权力区分为两个层面的权力，即规训人类身体的“政治解剖学”（anatomo-politics）和“人口的生命政治”（bio-politics of the population）：前者是“以作为机器的肉体为中心而形成的”规训机制，后者是“以物种的肉体、渗透着生命力学且作为生命过程的载体的肉体为中心的”一连串的调整与控制，两个层面共同构成“生命权力”（福柯，2000：100–101）。作为生命权力形式之一的“政治解剖学”肇始于17世纪早期的工业化，聚焦作为个体的人的身体，包括“身体的规训、功能的优化、力量的榨取、工具性和温顺度的同步提升等”（Amason：41）。人口的生命政治始于18世纪末，关注的不是人类个人的身体，而是从人类物种的角度聚焦人类物种的繁殖、出生、死亡、健康水平、寿命，以及影响上述方面的条件。与直接压制身体不同，这一层面的生命权力以介入性的方式（诸如通过医学话语、卫生控制等各种技术）干涉或控制人口，这也是福柯所称的“身体调控”（deployment of body）。简单而言，生命权力，也就是对生命本身、肉身施加的影响力。在福柯看来，两个方面的生命权力密切联系，形成现代国家的生命政治。生命权力旨在降低或防控人口所面临的各种外在与内在的危机和风险，并通过总体平衡来确保整体人口的安全。针对个体的规训技术，主要通过各种机构（比如学校、军队、监狱、医院、疯人所等）来操作；针对作为物种的人的身体的安全技术的运作，则主要通过国家进行。惩戒技术通过惩罚、监视、规训等方式实现，而权力技术主要是管理生命，通过人的生老病死来达到控制的目的。

两个层面的生命政治运作都依赖于"知识"，因此生命权力也是一种"知识权力"，这同崇尚暴力的至高权力截然不同。权力知识是福柯引入的一个术语。一方面，权力是建立在知识的基础上的，并利用知识得以巩固。另一方面，权力根据其匿名意图塑造知识来复制知识。权力通过知识创造了自己的运行领域。权力和知识密切相连，权力不仅生产知识，也被知识生产。"真正的知识"是专业团体、科学机构、政府部门、文化引领者等掌权者所宣称为真实或建立的标准。权力有生产新的话语、新的知识的能力。对于福柯而言，知识"在本质上是生产陈述，其在特定的话语中，和其他陈述联系在一起"，而"真理"是这种权力得以施展的机制："真理是陈述的生产、限定、分配、流通和操作……每个社会都有真理体系或'一般政治'，也就是普遍接受或运行为真理的话语类型"（Jun：162）。从本质上而言，生命政治就是"生命权和生命控制权"，作为个体的人和作为物种的人都被纳入政治场域。

另外，非常关键的是，福柯认为权力的实施并非通常认为的自上而下的模式，并非某些人掌握权力、其他人遵循权力，而是具有流动性和延展性。权力从来不是掌握在某个人手中，存在于某个具体的地方，也不是一种商品或财富。权力是通过网状机构运作和实施的。个体不仅处于网状线条上，同时也在经受或实施权力，不仅仅是被动的对象，也是权力运行的因素。换句话说，个体是权力实施的载体，而不是权力运行的终点（Kramsch：231）。权力和抵抗如影随形，任何权力的实施都蕴含着某种程度上的反抗和抵制。

生命权力不仅在于威胁和破坏，而且在于促使和激发生命。福柯并不认为权力本质上是负面的，其作用并非主要是压制、阻碍和排斥，而是具有生产性和建构性。福柯曾言，"如果权力仅仅是观察、监视、体察、禁止和惩罚，而不是激发、催促和生产，它将是多么的脆弱而易于推翻。权力不仅仅是眼睛和耳朵——它可以让人行动和言说"（Foucault，2000a：172）。正如福柯所言，"权力之所以有价值，之所以被接受，只是因为这一事实：它不仅使我们感到'说不'的力量，而且贯穿于事物，产生事物；它引起愉快，形成知识，产生交谈"（Foucault，1980a：119）。西蒙·斯威夫特（Simon Swift）在评论福柯的权力内涵时，进一步分析道："倘若权力总是具有压迫性的，总是否定的，你觉得会有人遵守吗？权力之所以可以运行，可以被接受，不在于它否定的力量，而在于越界和生产，可以产生愉悦、生产知识和话语。我们应当把权力视作运行于整个社会机体的生产性网络，而并非作为压迫的消极力量"（Swift：35）。

人的身体是权力承载和施展的媒介。权力的有效运行都以对身体的控制为依托，规训与惩罚"最终涉及的总是身体，即身体及其力量、它们的可利用性和可驯服性、对它们的安排和征服"（福柯，1999：27）。福柯式的权力概念采用"隐蔽规范主义"（crypto-normative）的方式，指向一种无所不在、黑暗和令人不安的力量。

在福柯看来，无论采取何种形式，语言都是权力实施的重要媒介。为了证明这一点，福柯反复使用"话语"这个概念。在《知识考古学》（*The Archaeology of Knowledge*）中，权力被描述为"一组陈述"（groups of statements）（Foucault，2002a：90），比如"科学话语""医药话语""诊断话语"等。话语网络成为一种"权力形式，这种权力使个体臣服"（Foucault，2002b：331）。权力和抵抗往往相伴相随，那些处于压迫性权力结构中的群体，如"女性、囚犯、应征入伍的士兵、医院的病人、同性恋者都会以不同方式抵制限制或控制他们的不同形式的权力"（Foucault，1994：315）。

知识和权力之间的关系可谓福柯著作中最重要的论述。福柯曾直言："我们必须承认……权力生产知识（不是简单地因为知识服务于权力而促进知识的生产，或者说因为它有用而运用知识）；权力和知识直接相互隐含着对方"（转引自Hunt & Wickham：12）。

权力往往以话语的形式得以流通。在福柯看来，"在话语当中，权力和知识得以交融……我们不要想象可接受的话语和不可接受的话语，或者主导性以及被主导性的话语区分开来的世界……话语传播并生产权力；话语强化权力，也可以削弱、暴露权力，或者让权力变得脆弱并使其挫败”（Foucault，1978a：100–101）。也正是在话语的流通和传播中，权力得以不断生产和再生产。

福柯认为，话语生产“真理”，或者更严格地说，是“宣称的真理”；需要注意的是，真理的生产并非是无情感色彩或者完全中立的，而往往是“意志式的真理”（will to truth）（Hunt & Wickham：11）。事实上，“任何社会都有自己的真理体制，或者说公认的政治真理（general politics of truth）”（11），通俗而言，任何社会都有大家公认的“政治正确”话语，也就是特定社会文化环境下的真理。福柯使用“真理体制”（regime of truth）一词对此进行描述。在真理体制之下，“真理和权力体系是一种循环关系，权力可以生产和维持真理，真理又反过来促进和拓展权力”（Foucault，1980b：133）。为了表达真理体制和权力关系的紧密联系，福柯创造了“权力/知识”（power/knowledge）一词。权力与知识或者真理体系，也可以说是话语实践密切相关。正如他所说的，“像我们这样的社会，也可以说在任何社会，都存在多层面的权力关系，渗透于、呈现于和构成社会机体；没有话语的生产、积累、流通和作用，这些权力关系自身无法实现自我确立、巩固或者实施”（Foucault，1980c：93）。社会机体是通过权力关系和话语实践运转的。“我们受制于通过权力而实现的真理生产，也只有通过生产真理，我们方能施展权力”（93）。一个人要是寻求改变，这将是“使真理权力脱离于社会的、经济的和文化的霸权的问题，而霸权恰恰是通过这些渠道发挥作用的”（Foucault，1980b：133）。军事的、政治的以及其他机构（学校、医药、监狱系统）都运用生命权力，围绕规训权力和控制人口展开。在福柯看来，不管我们愿意与否，我们都处在持续的权力生产过程中。话语就是权力，我们无法逃脱生产权力。个体或是群体总是在关系性的权力斗争之中，这种斗争是流动的、生生不息的，“永远不可能超脱于权力关系之外”（Foucault，1984/1994：167）。

抵抗自身对于权力的持续流动非常重要，权力会“导致边缘化、沉默和排斥，那些被边缘化、被沉默和被排斥的人一直都在”（Hunt & Wickham：17），对原有权力的抵抗可以维持权力的流动。因此，要理解福柯关于权力的论述，需要把握以下几个重要原则：第一，权力是动态的，是流动的，而非静止不变的；第二，权力可以生产知识，知识可以转化为权力，或者说知识本身就是一种权力；第三，权力可以被实施，但是无法被拥有；第四，权力存在于社会关系中，只有在关系中，权力才能真正发挥作用；第五，权力隐含着抵抗，蕴含着辩证关系。

福柯反对的是传统的至高权力，强调生命权力，认为生命政治在本质上是权力的现代形式，其目的是对生命施加积极影响，采用精准控制和综合规范的手段优化和提升生命质量。福柯对于生命政治和权力的理解，在很大程度上拓展了西方传统的权力观，对于深度理解西方现代性和现代文明具有较为重要的指导意义。

2.2.3 阿甘本的权力观

意大利政治思想家、哲学家阿甘本是当代欧洲最重要的思想家之一，他的生命政治学继承了福柯、阿伦特等人的思想，对当下诸多政治现象具有很强的解释力。阿甘本的《神圣人：至高权力与赤裸生命》（*Homo Sacer: Sovereign Power and Bare Life*）可视作他政治哲学思想的代表作之一，现已成为“后现代政治经典”之一。阿甘本以福柯的生命政治和阿伦特对极权主义的批判作为生命政治的两个主要理论资源，并创造性地将二者融合起来。

赤裸生命是阿甘本政治哲学中的核心概念之一，意指被政治所捕获、丧失了权利外衣的庇护、可以被随意杀戮，而屠杀者却不用承担罪责的生命。阿甘本对动物生命和人的生命进行了区分。在他看来，动物生命是人类的基本生存形式，仅仅是活着，没有特定的形式、风格或者生存方式，也就是赤裸生命。社会的人不仅活着，还拥有特定的生活方式、风格，由此被赋予了社会意义，这才是人的生命。在他看来，人的生命和动物的生命存在显著差异，人之所以为人，其根本原因在于人可以从事政治、经济和伦理活动，这便被视作人的政治生命。从人类文明发展进程的角度看，人类经历了从动物生命到政治生命的演进，但即便是在现代社会依然存在从政治生命向动物生命的反向发展。这其中发挥核心作用的往往是主权和权力。

阿甘本关于权力的观点异于福柯提出的“生命政治”概念。福柯运用“生命权力”是为了呈现“至高权力”的没落，证明通过赤裸裸的死亡威胁来维系自身统治的政治模式已经终结。在至高权力的存在逻辑中，人们对死亡的恐惧正是至高权力的力量源泉。而福柯的生命权力致力于维护和扶植生命，法律也和至高暴力脱钩，逐渐转变为一套由关于生命的现代话语与技术确立起来的规范(吴冠军：95)。而阿甘本所关注的生命权力是现代社会人类共同体的深层结构。

在古罗马法中，神圣人(homo sacer)是“由于犯罪而被人们审判的人。祭祀这个人是不被允许的，但杀死他的人不会因杀人而遭到谴责”(阿甘本：102)。这也是为什么将坏人或不纯洁的人作为神圣人的原因。由此可见，神圣人既不属于人，也不属于神，处于一种双重例外的状态。阿甘本借鉴政治神学的相关理念，认为世俗 + 神圣的“原始结构”在现代社会政治依然存在，具体呈现为法律秩序 + 法律例外的共存。在现代社会，“例外状态”或者法律之外的特权空间造成了主权者和大多数人之间的共存。处于例外状态的主权者往往是法律的制定者，其至高权力不受法律约束，是法律正当性的来源(Agamben，2005：70)。这里存在一个权力的真空或者说当代西方民主制的一个困境，即主权者在法律之外，宣称一切都在法律之内。主权者通过“至高决断”，游走于特权空间，既在例外状态中开创法律，又随时在其所宣布的例外状态悬置法律(Agamben，1998：106)。

生命的政治化的根本在于，个体生命在从权力中脱离并寻求自由的过程中，并没有挣脱权力的束缚，反而越来越被权力所绑定。这样的生命俨如陷入了泥潭之中，越是寻求超越权力，越是为权力所累(郑文涛：111)。阿甘本写道："这几乎就像从某一点开始，每一决定性的政治事件都具有两面性：个体在他们与中央权力的冲突中赢得诸种空间、自由和权力的同时，总是又准备好默默地但越来越多地把个体生命刻写入国家秩序中，从而为那个体想使自己从它手中解放出来的至高权力提供了一个新的且更加可怕的基础"(阿甘本：166)。

世界上有两种朝着两个不同方向发展的力量左右着人类生命。一种是"控制生命的权力"(power over life)，另一种是"生命自身的权力"(power of life)。阿甘本所理解的"生命政治"属于第一种，也就是持续不断地剥离生命本身的形式，直至生命体变成一个赤裸生命，生命自身的形式、独特的生活方式等生命权力都丧失殆尽，活着成为生命的全部，掏空生命本身的权力。

需要指出的是，福柯和阿甘本对生命政治都有深刻的论述。第一，在福柯看来，生命政治是西方社会发展到一定程度的产物，福柯将生命政治理论化，将其视为一种权力的历时交替，从"古代的剥夺生命或者使其活着"的主权权力转换到现代国家的"推动生命或者不允许生命垂死的权力"(Foucault，1978b：138)；阿甘本则认为生命政治根植于整个西方政治传统，也就是说"西方政治从源头起就是一种生命政治"(Agamben，1998：106)，更强调权力在两个历史阶段的连续性。第二，福柯认为生命政治涉及生命和人口，关注如何使得生命得以繁衍等，阿甘本则强调生命政治是将人和动物区隔的持续过程和形式。

2.2.4 布尔迪厄的权力观

皮埃尔·布尔迪厄(Pierre Bourdieu)作为法国最具影响力和原创性的社会学家之一，主要研究社会不公现象，尤其关注社会阶级和阶层关系结构如何影响个体的文化和社会交往。他深受马克思的影响，但与马克思将经济资本作为社会不公的根源不同，他认为，经济资本仅仅是社会不公的一个因素。

布尔迪厄认为权力是一种“资本”。他在社会学权力分析中，将其分为三个维度：第一，有价值的资源中蕴含的权力，也可称之为“资本”，譬如各种社会、文化和经济资本，可以被创造、积累、交换和消费；第二，在具体的斗争领域或“场域”[1]中的权力；第三，法律维度的权力。

可以说，“资本”在布尔迪厄理论中占据重要角色。布尔迪厄使用的资本接近于马克思的资本概念，代表着“控制过去积累的劳动产品的权力…… 并因此控制使特定类型的商品生产成为可能的机制，控制一系列收益与利润”的权力，同时也是“通过经济或者象征性(社会的、文化的)手段控制自己未来以及别人未来的能力”(Postone *et al.*: 4)。布尔迪厄在研究中主要涉及经济资本(货币与财产)、社会资本(熟人与关系网络)、文化资本(教育文凭等文化商品与服务)等(斯沃茨：87)。在他看来，社会不公主要源于个体或者阶级掌握经济资本、社会资本和文化资本数量的不同。

布尔迪厄所界定的经济资本内涵比较简单，就是一个人在银行里的存款、地产，以及其他财产和投资等；社会资本就是一个人在社会关系中所能动用的所有关系资源的总和。布尔迪厄重点探讨的则是文化资本概念，这也是他权力理论中最具创新性的内容。他认为文化是一种形式的资本，文化资本包括各种各样的资源，比如语词能力、文化意识、审美偏好、教育背景及文凭等。布尔迪厄区分了文化资本的三种状态：具体化状态(embodied state)、客观化状态(objectified state)和体制化状态(institutionalized state)。具体化状态的文化资本，是指与个人身体直接联系的文化资本，是通过家庭教育和学校教育而储存于个人身体中的

1 场域指利益相关方在积累和控制不同种类的资本时，呈现其生产、流通、服务、知识、地位的舞台。

文化知识、文化技能和文化修养。客观化状态的文化资本是指照片、图书、字典、工具、机器等具体的文化产品。体制化状态的文化资本指获得的各种教育资质证明，和能够证明个体获得相应技能或资质的证书等（Bourdieu，1986：243）。

布尔迪厄有关文化资本的探讨为深入考察文化和权力之间的内在关系提供了重要基础。文化为人类交流和互动提供了重要基础和媒介，同时也是"控制的源泉"；艺术、科学、宗教，几乎所有的象征体系，包括语言本身，不仅是人类交流的基础，可以影响人们对现实的认知，同时也可助力社会等级的建立和秩序维持（Swartz：1）。布尔迪厄通过与结构主义马克思主义的对照，发展出了关于符号权力的政治经济学，包括符号利益、符号暴力与符号资本相关理论。布尔迪厄认为所有的文化符号和实践，不管是艺术品味、着装风格，还是生活习惯或宗教信仰，不管是科学还是哲学，甚至语言自身都体现出提高社会地位的利益诉求和功用（Swartz：6）。对布尔迪厄而言，权力不是一个孤立的研究领域，而是处于所有社会生活的中心。文化可以变成一种权力资源，其积累、交换和运作具有自身的规律。布尔迪厄对于权力关系的社会学贡献之一是有力地阐明了文化资本、社会资本与经济资本的相互转化性(斯沃茨：93)。

在对资本概念考察的基础上，布尔迪厄还提出象征性权力（symbolic power）、象征性暴力（symbolic violence）等概念。象征性暴力指代那些拥有象征性资源对缺乏象征性资源的人实施的象征性权力，比如家庭成员中老年人对年轻人、男性对女性等，它是一种"柔性的，不可见的暴力"（Bourdieu，1991：24）。正是立足资本概念，布尔迪厄对整个社会关系和社会运作作出了新的阐释，为理解和分析人类社会的各种现象提供了一个有益的视角。

2.2.5 卢克斯的三维权力观

社会的秩序建构与运行往往立足于权力机制和结构，社会的稳定则取决于权力结构的稳固性。经历过两次世界大战之后，整个西方世界逐渐进入了权力的稳定期，经济迅速恢复，社会发展较快。社会学家、政治学家对此产生了浓厚兴趣，不同学者对社会权力结构见解不一，引发了持续的探讨。一些学者认为这受益于美国社会权力分布的均衡，此种观点受到弗洛伊德·亨特（Floyd Hunter）和米尔斯的质疑，前者于1953年出版《社区权力结构：决策者研究》（*Community Power Structure: A Study of Decision Makers*），后者于1956年出版《权力精英》，他们都在书中提到，美国社会的权力依然掌握在工商界等权力精英手中。对于二人这一观点，著名社会学家罗伯特·A. 达尔（Robert A. Dahl）又进行了针锋相对的论述。达尔在1961年的《谁统治？一个美国城市的民主和权力》（*Who Governs? Democracy and Power in an American City*）一书中指出，美国社会并非权力精英统治的社会，而是权力多元分布的社会。达尔的结论主要基于对康涅狄格州纽黑文地区权力状况的调查。达尔的多元主义理论受到新马克思主义学派彼得·巴卡拉克（Peter Bachrach）与莫顿·巴拉兹（Morton S. Baratz）等的抨击。他们认为权力多元主义者只看到了"表面的冲突"，认为权力还有第二个维度，一些重要议题往往被社会精英掩盖了（Dowding：45）。

在此背景下，史蒂文·卢克斯（Steven Lukes）在《权力：一种激进的观点》（*Power: A Radical View*）中提出"三维权力观"。他将以达尔为代表的观点称为"一维权力观"，其重要特征是采用行为主义的研究方法，重点"对具体的、可观察到的行为进行研究"；将以巴卡拉克与巴拉兹为代表的观点称为"二维权力观"，其重要特征在于其揭示了那些可能被权力掌控的、潜在的、隐蔽的冲突。卢克斯提出的第三维度，则旨在揭示隐藏在各种现象背后的最不明显的权力形式。从本质上而言，权力的第三个维度是塑造各种信仰、偏好与愿望的力量。通过这一力量，施权者会让他人将自身处于被支配的地位视作有益的或是没有其他替代选择方案的，因而接受既定的安排。

卢克斯根据权力的实施将权力分为三个层面，即形成决策（decision-making）、非形成决策（non-decision-making）、形塑决策（shaping decisions）。形成决策是指权力总呈现为不同群体利益间的明显冲突，直至决定得以达成，体现权力之力，这一层面总是最外在和明显的。非形成决策是指有些话题或纷争的解决并不在公众视线之内，而是以隐秘的手段或途径得到解决。形塑决策突出权力在形塑公众愿望和欲望中的作用，通过看似合理、自然而又不可避免的方式，使公众自然而然、毫无怀疑地遵守社会规则，从而无声无息地达到权力施展的效果（Kirby：398）。

卢克斯的三维权力观对于探讨和理解二战后西方世界的社会发展、秩序具有重要的启发意义，受到学界的高度关注。

2.2.6 吉登斯的权力观

英国社会学家吉登斯在权力研究领域声名卓著。他的政治思想内容庞大、结构复杂，但可以说，权力思想是他整个思想体系的重要基石和核心组成部分。作为后马克思主义思潮的代表人物，他对马克思在国家研究中对经济视角的过度倚重进行了批判性解构，提出了研究国家的“权力”视角，认为权力是解释国家政治历史乃至整个人类发展历史的最重要的因素。

在对人类社会和历史的阐释中，他提出的“结构化理论”（structuration theory）突出强调的就是权力。吉登斯理论中的结构是指在社会系统再生产过程中反复涉及的“规则”（rules）和“资源”（resources）。可以说，结构是在时空互动中使用的规则和资源的总和。吉登斯认为人总是生活在一定的社会结构之中，人和社会结构是一种相互制约的关系。一方面，社会结构对人有制约作用；另一方面，处于社会结构中的人具有主观能动性，可以对社会结构施加影响。

在他的权力观中，吉登斯尤为强调“资源”的重要性。他所说的资源存在于一定的社会结构中，一方面是行动者行动的媒介，另一方面因其使用而对原有的社会结构产生影响。他提出，“资源是权力得以实施的媒介，是社会再生产通过具体行为得以实现的常规要素”（吉登斯，1998a：80）。他将资源分为权威性资源（authoritative resources）和配置性资源（allocative resources）两大类。权威性资源是“指对人类自身的活动行使支配的手段”（吉登斯，1998b：8），主要指行动者对人类自身施加影响或控制的能力，这是非物质性资源，源于一切人对另外一些人的支配，属于主体与主体之间的关系。配置性资源指“对物质工具的支配，包括物质产品以及在其生产过程中可予以利用的自然力”（7），更多涉及的是物质资源，包括自然环境以及人工制品，其根源是人类对自然界的支配。也就是说，配置性资源主要表现为人类对物质世界的控制和征服能力。无疑，配置性资源对人类的行动能力产生重要影响，而配置性资源的匮乏会导致人与人、国家与国家之间的摩擦与冲突。

吉登斯认为，资源的重要意义主要通过权力得以呈现。权力是行动者具备的“改造能力”或“转换能力”（吉登斯，1998b：11），而能力的大小取决于所能支配资源的多少。权力具有时空性特征，吉登斯亦重视权力和场所二者之间关系的探讨。场所是人类社会活动的物理基础，是互动体系和社会关系的聚合场所。某些特定类型的场所可以作为“权力集装器”（power container）（14），为配置性资源和权威性资源的集中和权力生产提供了可能。在阶级或阶层分化的社会体制下，城堡、庄园、社区均可发挥权力集装器的作用。

吉登斯从社会学的角度研究权力问题，一方面强调权力的主体性特征，将权力视作主体的转换能力，充分认可主体的能动作用；另一方面，他将主体置于特定的时空和社会关系之中，从而形成相应的支配能力，而资源成为将二者联结起来的关键。吉登斯的权力观对于审视和深刻把握西方现代性及其后果具有重要启示意义。

第三章 阶级与权力

3.1 工业文明语境下的阶级与权力

权力和阶级关系密切。阶级关系实质上就是一种权力关系。阶级关系的维持需要权力机制和权力机构，而权力机构反过来可以强化、固化阶级关系。关于阶级和权力的关系，马克思和恩格斯有深入研究。阶级出现后，原始社会的公共权力难以协调新的利益关系；为了维护阶级社会秩序的需求，权力相应产生了政治属性，之前的公共权力转变成了国家权力。在阶级社会，国家权力本质上"是一个阶级压迫另一个阶级的有组织的暴力"（马克思、恩格斯，2009b：53），成为阶级统治的工具，具体而言，也就是统治阶级压迫、剥削和奴役被统治阶级的工具。在阶级社会中，处于统治、优势地位的阶层必然尽其所能维护其地位，权力只是特定阶级实现其特殊利益的工具，占人口绝大多数的被统治阶级注定处于被奴役和压迫的地位。马克思认为权力源于人民，是人民赋予的。正如他所言，"一切合法权力的唯一源泉——主权的人民"（马克思、恩格斯，1961：695）。在马克思看来，人民是世界上物质财富的创造者和历史动力，"人民，只有人民，才是创造世界历史的动力"（毛泽东：1031），因此他认为政治权力应当为人民拥有。在阶级社会，权力由统治阶级所拥有，因为统治阶级掌控着整个社会的意识形态，而社会的权力价值取向也是由统治阶级支配的，但人民应当是国家的主人，或者说国家权力应当是为人民的利益服务的。马克思、恩格斯的权力观同他们对国家的理解密切相关。在他们看来，国家在本质上“照例是最强大的、在经济上占统治地位的阶级的国家”(马克思、恩格斯，1995：172)。马克思以经济利益为基础，将权力和物质利益、阶级关系相结合，视权力为实现物质利益的手段和维护阶级统治的工具，这对整个社会科学产生了深刻影响。国内一批学者对马克思的权力观进行了深入和系统的研究。孟祥馨等认为，马克思从社会关系、阶级的角度将权力界定为“一方支配另一方的力量”(孟祥馨等：203)。

韦伯认为阶级和阶层源于不平等的财产关系。在他所处的时代，阶级结构比马克思所处时代的阶级结构更为复杂。马克思更为关注权力的经济因素，而韦伯则“对社会阶层采取一种多维度的透视方法”(Kumar：193)。除了经济因素外，他把社会的、政治的因素一同纳入考虑范围。他对权力的来源进行了更为细致的划分，认为地位、阶级和政党是权力的三大来源，一个人的权力可呈现为基于社会地位的社会权力、立足阶层的经济权力和参照政党归属的政治权力。从这个角度看，社会阶层的形成“源于权力分配的不平等”(Levine：6)。

另外，福柯的后现代主义权力观对于揭示不同阶级、阶层之间的权力关系，尤其在微观层面揭示权力的本质具有重要的理论和现实意义。他强调权力的网络性存在。权力存在于无数的点上，并在无数的点上被运用，从而呈现出一个复杂的网络，这是一种微观权力观。权力在无数的点上展开，编织成一张铺天盖地的网，网上的每一个结、每一个点，都受到权力的“约束”“制约”“规训”“支配”，这也是福柯所探讨的“规训性权力”。规训性权力对作为个体的人的肉身和行为进行精心操控，并通过层级监视、规范化模式等手段训练个人，虽然“与君权的威严仪式或国家的重大机构相比，它的模式、程序都微不足道”(福柯，1999：193)，却在权力的不断生产和再生产过程中，使得整个社会俨然成为一个大型的“圆形监狱”，支配和控制着每个个体(193)。

源于社会现实的文学作品，无法脱离影响人们日常生活的阶级权力结构。对于作家而言，无论他们意识到与否，其作品都在不同层面呈现所处社会的阶级或阶层关系。因此，文学作品是考察不同历史语境下不同社会权力结构的重要媒介。本章将从权力视角分别对美国作家赫尔曼·麦尔维尔（Herman Melville）的作品《水手比利·巴德》[1]（*Billy Budd, Sailor*）和威廉·福克纳（William Faulkner）的《献给艾米丽的一朵玫瑰花》（*A Rose for Emily*）进行考察，透过作品中不同阶级、阶层人物的线索呈现其中控制与被控制、支配与被支配的关系。

3.2 麦尔维尔《水手比利·巴德》中的权力运作[2]

美国作家麦尔维尔是19世纪一位独具魅力的作家。他生前遭到了批评界无情的指责和冷遇，几乎被文坛遗忘了。然而，这样一位声誉低落的作家却在身后不到30年重新受到文坛的关注。人们从他的作品中发现了他的惊人之处，进而找回了其应有的文学地位和价值认同。他的名字和他的作品后来化作经典和不朽。

麦尔维尔虽然在小说中描写了海上生活，但从来不是单一地述说海员或水手的生活。他总是以船/舰为基础、以水手的生活为内容来塑造一个个微型社会，如《白鲸》（*Moby Dick*）中的"裴廓德号"船和《水手比利·巴德》中的"战威号"舰等。只是《水手比利·巴德》把较多的笔墨挥洒在权力运作方面，呈现出一种权力关系。麦尔维尔注意到，人（水手）受到来自自身以外无数力的作用，其中包括政治、经济、社会、法律和特权等。维尔舰长（Captain Vere）手中握有管理、统治和支配别人的权力。麦尔维尔的这一洞见可能太超越他的时代，很难被他同时代的人们所理解

1 又译《比利·巴德》或《水手毕利·伯德》。

2 该节主要内容曾以论文形式发表，参见杨金才、金怡：《权力的控制与实施——论麦尔维尔小说〈比利·巴德〉中的"圆形监狱"意象》，载《外国文学》2005年第2期。

和欣赏。然而，历史不会忘记时代的智者。麦尔维尔在20世纪“崛起”，是因为人们能在他的作品中找到某种共鸣和属于他们时代的特征。这恰好契合了法国后结构主义理论家福柯的观点，即20世纪是19世纪的直接延续，并非“新纪元”。在福柯看来，从启蒙的18世纪到现代的19世纪，人们在对待罪犯上确实更加“文明”了（Foucault，1995：5）。西欧的历史发展也证明了这一点。法国大革命以后的政府权力主要来自社会契约，因此，谁触犯了法律就等于触犯了社会整体的意志与权力，成为社会的公敌（89–90）。在19世纪后半叶的欧洲，人们普遍重视自由，剥夺人的自由常被视作惩罚的最佳方式。这时，“在惩罚罪犯方面，不再有野蛮的流血场面，同时也不再有君王的任意惩戒，而是从社会全体的利益来思考罪犯罪行的大小，进而决定惩罚的程度。即便要惩罚也必须诉诸剥夺犯人的基本权利”（75）。历史上的折磨是血腥的、令人震惊的、惨不忍睹的，而当下，人道的、科学的实践取代了野蛮的、非理性的实践，这容易使人们感到所处的时代比以往任何时候都要优越。麦尔维尔时代的不少知识精英自然感受到这种优越，并迫切欢呼美国的民主和自由。他们却没有看到，随着美国社会的转型、工业化的深入发展和对外扩张政策的实施，美国民众又经受了一场精神与灵魂的拷问。麦尔维尔从自己海上漂泊的切身体验中感受到，美国有许多像巴德（Budd）这样阶层的人。他们在理性时代和工业文明的进程中受到人格的贬抑，陷入了福柯所谓“力场”的泥沼，被扔进了由权力关系编织的网兜里。由此可见，小说《水手比利·巴德》寓意深刻，足以显示作者尖锐的社会洞察力。麦尔维尔对 19 世纪美国水手生活所作的分析其实就是对美国现实的审察和批判。他把一艘战舰写成一个权力场，其中有不同官衔的军官和不同等级的水手。从舰长到领航员、牧师、医生、事务长，再到水手，形成了一种力的交互关系。小说关于皇家战舰“战威号”的权力结构的运行以及巴德悲剧命运的描述恰好在一定程度上为福柯的权力学说提供了注解。“战威号”这个微型等级社会早在19世纪就前瞻性地透露了属于20世纪的困惑和思索，即权力的控制和实施。

福柯认为，“权力既不是只在确定的一个国家里保证公民服从的一系列机构与机器，即‘政权’，也不是指某种非暴力的、表现为规章制度的约束方式；也不是指由某一分子或团体对另一分子或团体实行的一般统治体系”（Foucault，1990：92–93）；在他看来，应该将权力理解为众多的力的关系，这些关系存在于它们发生作用的那个领域，“而这个领域也构成了这些力的组织……权力无所不在……在任意两点的关系中都会产生权力……权力不是什么制度，不是什么结构，也不是一些人拥有的什么势力，而是人们赋予某一个社会中的复杂战略形势的名称”（92–93）。

福柯在《规训与惩罚：监狱的诞生》一书中深入探讨了监狱制度的来源以及规训机制的形成问题。他引用了边沁提出的“圆形监狱”概念，并把它看作权力实施的基础，因为这是一种全景敞视的环形建筑（panopticon），中心设有一座瞭望塔，上面有一圈大窗户对着环形建筑。整个环形建筑又被分成许多小囚室，每个囚室都装有两扇窗户。只要在中心瞭望塔上安排一名监督者就可以监视所有囚室里的犯人，而犯人却看不到塔中人（Foucault，1995：200）。这被福柯认为是人类的壮举：管理监狱的人可以在中央瞭望塔上轻松地对每一个单独被囚禁的犯人进行监视。他可以命令每一个犯人进行一系列的动作，并同时对他们的表现进行评比与考核。另一方面，由于犯人看不到塔中人，他也无法确定自己是否被监视。这使每个犯人笼罩在规训机制的阴影中，不敢懈怠。可以说，在这种全景敞视的“圆形监狱”中，权力可以持续不断地对某一点施力，然而受力点无法确知力的来源。难怪福柯要惊呼：这种“圆形监狱”是“人类心灵史的重大事件”，也是“政治秩序中的哥伦布之蛋”（Foucault，2006：41）。有了这个全景敞视的环形建筑，人们可以通过一种“透明度达成权力”的公式使权力找到一种最佳的展现方式。而且，福柯还发现现代社会的工厂、军队和学校都不同程度地运用了这种所谓的“圆形监狱”原则，从而“发展出一整套对人类进行驯服的技巧，把他们禁锢在特定的地方，进行监禁、奴役、永无止息的监督”（包亚明：30）。从理论实践上讲，这样的惩戒原则正满足了现代社会改革者们对新权力机制的要求：既可以不断施力，又能避开反作用力。小说主人公巴德被强征去的“战威号”军舰，有着严厉的规训原则和惩戒措施，“绝对不允许容忍半点违规”（Melville：60）。尽管维尔舰长没有理由相信兵器官克莱加特（Claggart）对巴德的指控，也绝对不会被下级意思所左右，但“一旦指控成立，军事法庭就必须采取必要的行动，因为水手们是一种潜在的危险。这时，巴德有没有罪已经无关紧要了”（93）。正如麦尔维尔作品的评论家辛迪·韦恩斯坦（Cindy Weinstein）所言，小说《水手比利·巴德》展示的就是那个“边沁式监狱”，身居要职、处于权力中心的维尔舰长可以通过兵器官克莱加特的眼睛来行使纪律，实施一系列惩罚措施（Weinstein：216）。整日漂泊在茫茫大海中的“战威号”舰在一定程度上再现了当年禁闭麻风病人和流放政治要犯的方式。军舰整日在海上漂泊，很少靠岸。这就减少了舰上水手与外界接触和交流的可能性。水手们整月整年地被囚禁在船上，过着与世隔绝的生活。他们没有自由和娱乐，所能做的就是每天按照上级的命令并在他们的监视下机械而艰苦地生活和劳动。这种控制人及其行为方式的做法与福柯所指出的规训目的如出一辙，即“使人体在变得更有用时也变得更顺从”（福柯，1996：156）。这些人在从事劳作的同时也受到时间和空间方面的约束（丹纳赫等：59）。舰上的水手同中世纪犯人的来源类似，主要是由三部分人组成：一部分是像巴德一样在海上或是岸上被强征入伍的；一部分是身体健壮但可能犯了某种问题因而被伦敦警察抓起来送到码头上或船上去的；还有一部分是欠了一小笔账还不起债务和各色道德上有缺陷并企图在海军里找一个藏身之处的。如果没有别的方法找到类似的人，军舰就可以直接从监狱里挑人。按照福柯的见解，人们为了提供抚慰人心的保证并彰显科学的态度，所以对监禁的形式作了相应的调整。在现代社会中，权力的作用渐渐地通过精妙渠道得以散布，接近人体本身，涉及他们的肉体、姿态和所有日常行动（福柯，1996：213）。

福柯认为，没有人有权代替犯人说话，无论犯人的处境如何，监狱小组在人员构成上也只是以犯人为主。这只是一种伪善，看似打着援助的旗号，实则是为了堵住犯人的嘴（Eribon：224–235）。于是，在“战威号”舰这样一个近似封闭、类似监狱的环境里，也是福柯认为权力发挥最科学的形式下，权力开始了它有力而微妙的运作。按照福柯的诠释，作为“规训”手段的监狱可以从两个层面理解：一是令人联想到惩罚和强制行为的消极力量；二是与自我实现和成就联系在一起的积极力量。福柯通过“权力—知识”这一概念将规训的两种意义联系起来。而《水手比利·巴德》中的“战威号”舰则充分体现出“规训”的这两个方面。首先作为惩罚和强制的“规训”在巴德被强征到舰的第二天就展现得淋漓尽致：

> 犯错误的是一名小个子青年水手，他是新来的一个船尾水手，在船转换方向的时候他没有在岗位上；这个失误给工作造成了相当大的损失，因为这个动作要求准时迅速。比利看到在受罚的人光着的脊梁上，一鞭子打出来的一条血痕，甚至皮破肉烂，看到那人受完罚给放开后，执法官把他的羊毛衬衫扔在他背上时的神色。（麦尔维尔，1994：435）

在目睹了这个残忍血腥的场面之后，巴德给吓坏了，他痛下决心绝不让自己因为犯过失而受同样的罪，也不能让自己因为做错了或疏忽了做什么事而遭到口头上的责骂。从巴德的内心感悟中，我们似乎可以领略到惩罚的威慑力，即达到了福柯所分析的“规训”原则中某个方面的效果。由此，我们可以理解公开处罚的作用，“它是权力—知识关系的一种有明确意义的仪式。犯人要用肉体来承担自己的罪行和对罪行施加的司法正义，从而使这种罪行和司法正义昭示于众”（刘北成：277）。

同时，福柯又指出，18世纪的改革者们以“人性”的名义反对酷刑，主张刑罚改革。但仔细分析就会发现，酷刑的废除其实与人道主义无关。他们的目标是将“对非法活动的处罚和镇压变成一种有规则的功能，与社会同步发展；不是要惩罚更少些，而是要惩罚得更多些；或许应该减轻惩罚的严酷性，但目的在于使惩罚更具有普遍性和必要性；使惩罚权力更深地嵌入社会本身”(刘北成：282)。启蒙思想家加布里埃尔·邦诺·德·马布利（Gabriel Bonnot de Mably）的表述更加言简意赅：“惩罚应该打击灵魂而非肉体”(转引自Raffield: 199)。于是，作为“规训”第二层含义的灵魂打击便成为惩罚的有效途径。18世纪晚期边沁构想的“圆形监狱”规训系统使“战威号”舰成为一个权力运作的典型。

根据“圆形监狱”的原则，管理犯人最好的办法就是使他们每时每刻都成为潜在观察对象，处于权威性注视之下。这种权威性注视并不只是对某个人而言，而是将所有被监视的人纳入视阈，使其接受训诫。在“战威号”舰这个“微型权力”社会里，以监视为基础的规训需要授权监督，于是分层观察变成了一种规则。首先，“战威号”舰上的人事阶层和等级制度非常明确，维尔舰长高高在上，是绝对的权威，舰上所有的人都要服从他的命令。其中兵器官、陆战队长、医生、牧师一级的尉官都要直接对他负责。而号称海上警察的兵器官则是直接监督水手的。也就是说，所有这些人中，只有维尔舰长和兵器官克莱加特与所谓的管理监督人事有关。就以上的讨论，我们不妨将“战威号”舰上的权力机制及其分布图示如下：

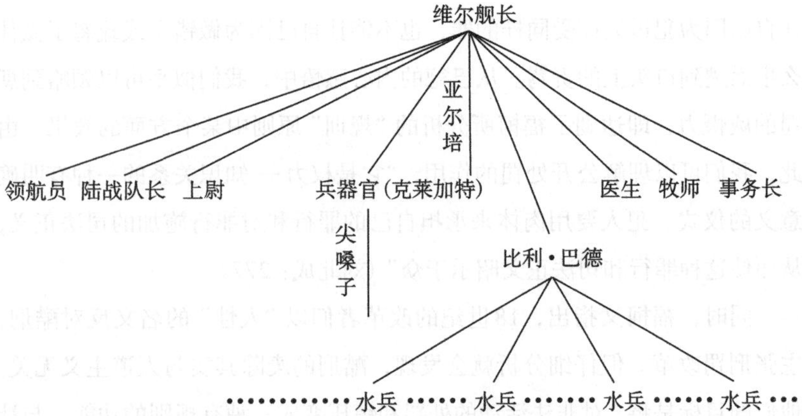

图 3.1　“战威号”舰权力机制分布图

在这个金字塔式的等级监视网络里，如果忽略虚线的部分，我们会发现“战威号”军舰上的等级划分还是十分清晰的，权力的牵制也是比较平衡的。以维尔舰长为中心，所有人都严格按照职位的性质和高低各就其位，层层牵制，使每一个成员都变成了监视者。这与福柯在其《规训与惩罚：监狱的诞生》中所描绘的监视者居中、被监视者围绕其四周的“圆形监狱”原则有了相似的一面。麦尔维尔把维尔舰长和兵器官克莱加特作为这个监视系统的具体执行者来描写，也在一定程度上体现了福柯关于权力运行方式的观点。福柯认为，“在某一特定时期，权力更依靠观察而不是惩罚”（包亚明：28）。对于这个观点，让–皮埃尔·巴鲁（Jean-Pierre Barou）进行了具体的论述，并认为：“权力并不完全属于某个单独可以对他人实施控制的个人。这是一台巨大的机器，每一个人，无论他是施展权力的，还是被力控制的，都被套在里面”（转引自包亚明：159）。因此，无论维尔舰长还是兵器官克莱加特具有多大的权威，他们都不属于权力的拥有者，而是权力的执行者、监督者。福柯认为，作为这样的监督者，他们不是像以前君主那样高高在上，万人瞩目，而是应该处于一个若隐若现的状态，让被监督者既感受到监视的眼睛又无法确定它的方位，从而使权威发挥到极致，就如边沁在书中写的那样，“必须使犯人们永远处于监视者的目光之下；这样可以消除犯罪的力量，甚至犯罪的念头本身”（157）。这也正是“战威号”舰权力运行的原则。当时正处于海军叛乱刚刚平息、人心惶惶之时，为了防止产生新的麻烦，水兵们被当作犯人一样看管，并且看管的方式正是依据“圆形监狱”管理原则。首先，舰船上地域位置的划分十分清晰：船头水手多半是老资格，船尾水手则常常受到歧视，而且不能随便越界侵犯“边境”。前桅手和甲板上的水兵也很少来往。军官站的地方，下属要退到一边。在许多批评家看来，空间地域的划分本身就与权力的运作紧密相关，福柯本人也认同“空间的历史也就是权力的历史”（152）。其次，维尔舰长和兵器官克莱加特行使权力的方式也与以往不同。试比较下面两段文字描写：

……在航行中如果没有什么事要求他采取重大行动，他就是一个最不显眼的人，这倒也符合他的特性。一位从岸上来的人看到这位个子不高又没带着什么突出的标记的先生从船舱里走到甲板上，并且注意到其他军官对他无言地表示敬意，退到了下风一边，很可能把他认做是皇上的客人，皇家军舰上的一位非军人和去就任一个重要职位的高贵沉默的使者。(麦尔维尔，1994：429)

……职务关系不大见阳光的缘故，却也好像意味着在这个人的体质和血液中有点什么欠缺或不正常之处。但是在他总的形象和举止之中看得出他的教育和事业和他的海军职务颇不相称，所以在不是执行任务时，他显得像一位社会地位和道德品质都很高的人，为了某种个人原因在乔装打扮。(433)

从上面两段文字可以看出，维尔舰长和兵器官克莱加特有一个共同特点，即他们平日里的装束和气质都与他们本身的职位并不相称。但这并不意味着他们试图隐藏权威，相反，他们通过反向化的装束来更好地反衬出他们特有的权力，从而实现福柯所谓的"权力转化——从限制性权力走向了权力运用的表面"(Foucault，1995：202)。就这样，这个特殊的权力机器系统平衡地运行着，直到巴德出现为止。巴德自身的优秀出众和天真无知大大打破了这个系统的平衡，并且也侵犯了兵器官克莱加特的权力尊严。从图3.1可以清楚地看到：巴德属于水手，但他的美德又使他超越其他水手，成为他们的"和平使者"和精神领袖。同时，他又因这份与众不同得到了维尔舰长的青睐。这与在下遭到非议、在上引起反感的克莱加特形成了鲜明的对比。按照福柯的理论，权力的分配很重要。而同样一种权力既可以分配给克莱加特，也可以分配给巴德。这种权力分配上的弹性和不确定性无疑对兵器官构成一种威胁。于是，除掉这种威胁就成了维护兵器官自身权威尊严的一个关键。克莱加特利用海军暴乱的背景、巴德被强征入伍的事实和维尔舰长强调纪律的心理，诬陷巴德试图谋反兵变：

> 他说在追逐敌舰和准备有可能接火时，他看到事实足够使他相信至少船上有一个水手是个危险人物，我们要想到这条船上聚集了不止是一些参加过近来一系列严重罪恶事件的人，而且还有一些和有问题的那个人一样，是以应征以外的方式参加进来为皇上服务的啊！（麦尔维尔，1994：454）

克莱加特的这段话可谓是别有用心。他不仅陈述了原因和背景，而且将巴德定义为“危险人物”。有关“危险”福柯也发表过自己的看法，认为无论在盎格鲁–撒克逊式的法典，还是在拿破仑式的法典中，“危险”从来都不构成“犯罪”。遗憾的是，经过一个多世纪在刑罚和医学之间的摇摆，危险的观念终于被采用，并被作为一种罪行来对待。为了防患于未然，人们会像克莱加特一样设法根除隐患（危险的人或事），确保自身安全。

面对克莱加特的报告，维尔舰长又是如何展现其权威的呢？在他看来，舰上生活和任何其他生活一样都有陷阱和需要关注的可疑方面。所以，尽管根据近期的情况，一旦出现不驯的迹象就应立即采取措施，但是他认为贸然地嘉奖一个告密者是不妥当的，可能让人们感到不忠的思想一直存在，固然这告密者是他的下级，而且对监视水手们负有责任。维尔舰长这样的想法，也反映出圆形监狱自相矛盾的意味，即“有一个主要的监视者在中央塔楼上对囚犯们进行观望；但是这个人对他的属下也在进行观察。主要的监视者对他手下的其他监视者并不信任。他甚至对他们公然表示蔑视，尽管他们被认为是他的副手”（包亚明：159）。为了确保他自己对这个权力机器的绝对控制，维尔舰长要求克莱加特和巴德当面对质。在克莱加特的诬陷面前，巴德因为内心无比愤怒以及言语困难导致辩驳不清，于是用暴力代替了语言，将克莱加特一拳打死，由此也构筑了维尔舰长施展权威的平台。他没有回到舰队向司令官请示，却自己组织了一个由陆战队长、上尉和领航员组成的战时军事法庭对巴德进行审判。事实证明，这三人在审判的过程中绝对是按舰长的意志办事的。也就是说，最后真正将巴德送上绞刑架的就是维尔舰长一人。在审判过程中，维尔舰长的权威得到极大的发挥，巴德是否企图暴乱已经不重要了，关键是判定他的死刑提供了一个极好地展示维尔舰长权威和强调严格遵守纪律的机会。在法庭上，维尔舰长对他的下属说，“兵器长的动机到底如何，这一拳头是怎么引起的，这些都不相干，在当前情况下，军事法庭应当集中问这一拳头的后果如何，而这后果公平地说不能不是伸手打人的行为”(麦尔维尔，1994：465)。言下之意，不管巴德是否蓄意暴乱，他以下犯上、挑战权威的行为已经证明了他暴乱的潜质，而这样的潜质，按照韦恩斯坦的见解，“是由那些在‘战威号’舰上建造圆形监狱结构的边沁们构筑的”(Weinstein：219)。

于是，巴德这个军事纪律的牺牲品，被安排在主桅杆的横桅上执行绞刑。舰队上全体人员集中在甲板上目睹行刑。整个场面颇具戏剧性：

> 从两边排列着重炮弹架的舱口下层甲板值班的人拥了上来，和原来已在甲板上的人挤满了中桅杆和前桅杆之间的空隙，连中间的小艇和它两旁堆着的黑色木杆缆绳等上面也挤满了人，它们正好充作运火药的孩子们和新水手们的看台。另一群人是整个一班在上面执勤的水手，靠在那在七十四门大炮的战舰上可不算小的海上阳台的栏杆上看着下面的人群。(麦尔维尔，1994：477)

至此，维尔舰长刻意强调的权威和蓄意得到的效果达到了高潮。而巴德作为被惩罚的对象，他的镇静和最后那句“上帝保佑维尔舰长”也再一次成为对那所谓权威的嘲讽与否定。正如福柯的观点，

> 公开的行刑允许暂时的狂欢，这时什么也不再被禁止或惩罚。在即将到来的死神的护佑下，罪犯可以畅所欲言，而观众也可以尽情欢

呼。…… 在这些行刑场面中，本应展示的只是帝王将相恐怖化了的权力，但同时也包含着狂欢节的全部因素，在其中规则被改变了，权威遭到了嘲弄，而罪犯则摇身一变成了英雄。(麦魁尔，1999：60-61)

巴德死了，成为西方所谓“人道主义”刑罚改革的实验品和牺牲品。然而故事并没有结束，福柯的“权力—知识”理论也没有停止其作用。为了使对巴德的处罚正义化、权力化，媒体又开始玩起“真理游戏”来，不妨听听海军的所谓正式出版物是怎样报道此事的：

上月十日，皇家战舰“战威号”上发生一件可遗憾之事。该舰兵器长约翰·克莱加特察觉有某种策划于舰上下层中酝酿（的叛变），为首者为威廉·巴德。当该克莱加特于舰长前当面指控此人时，巴德忽抽出鞘刀寻衅将其穿心刺死。

案情及所执凶器足证，杀人者虽以英人名姓被征入伍，实非我族类，而为异邦人假用名义者，当前军情孔亟此类混入者固不鲜也。(麦尔维尔，1994：483)

福柯使用“真理游戏”来强调：公共机构往往通过宣称自己讲述的是真理而赋予自己的行动以某种权威性。这种对真理的声明完全取决于制度和话语实践。可见，为了确保对巴德的处决符合公正的原则，也为了达到以儆效尤的效果，媒体歪曲事实来报道此事，以便维护其权威性。

通过上述对小说《水手比利·巴德》权力结构的分析，我们可以推断：麦尔维尔在创作这篇小说时的确有意无意地把资本主义社会权力运作的一些特征纳入视阈，并力图将其融入“战威号”舰的结构分布。“战威号”舰呈现的边沁式“圆形监狱”，其实就是现代资本主义社会一种权力趋向的缩影，只是这个趋向越来越显示出与古代文明社会相反的方向。古代文明社会追求的是将道德规范法则化，而现代社会就像“战威号”舰上的军官对水手的要求那样，力求将规范法则内化为道德。由此可见，福柯心目中的“圆形监狱”观念力图说明的就是这样一种权力结构及其运行机制。这与麦尔维尔笔下“战威号”舰上的权力结构和运行方式几乎如出一辙。

3.3 福克纳《献给艾米丽的一朵玫瑰花》中的身体、空间与权力

权力具有流动性，社会的急剧变化或动荡往往源于不同阶级、阶层或群体的权力变化，也即权力主体的变迁。福克纳对19世纪五六十年代美国社会以及代表北方资本主义和南方奴隶制种植园经济的矛盾冲突有深刻体察，这集中体现在他的短篇小说《献给艾米丽的一朵玫瑰花》中。

《献给艾米丽的一朵玫瑰花》故事情节设置在内战之后的美国南方，呈现了在前所未有的社会变局中南方传统贵族的多舛命运。在当时的社会背景下，北方势力的侵入犹如狂风洪水，而坚持南方传统的艾米丽一家犹如一叶扁舟，时刻处于倾覆的边缘。无疑，该小说最具张力的情节是作为南方贵族大小姐的艾米丽·格瑞阿森（Emily Grierson）杀人的行径，很少有人能想到，这位在众人心目中高高在上、优雅温柔的女子，竟会与杀人犯联系在一起。艾米丽究竟为何沦落为杀人犯？这是阅读该故事最大的谜团。要深刻理解该小说，必须考察故事中复杂的权力关系。本部分将借鉴美国心理学家亚伯拉罕·马斯洛（Abraham Maslow）的需求层次理论（hierarchy of needs），从特定的空间视角对艾米丽和荷马·巴伦（Homer Barron）之间跨越阶级的关系进行权力阐释。

根据马斯洛的需求层次理论，人类的需要可主要分为五个层面，即生理需求、安全需求、爱与归属的需求、尊严的需求，以及自我实现的需求。其中生理需求和安全需求是最基本的需求。马斯洛认为，一般而言，当低层次的需求得到满足后，人才会追求更高层次的需求。这一理论对于

理解人与人之间的关系、人的行为方式等往往具有启发意义。

在福克纳想象的南方小镇上，身体、空间和权力错综复杂，艾米丽的“小身体”在“大历史”的洪流中被碾压。小说呈现了特定历史背景下南方的迂腐、堕落以及与之伴随的暴力和毁灭性。有研究者探讨该故事中两性之间的权力关系，认为“尽管艾米丽很强势、不可战胜，但她杀死荷马(巴伦)的行为，恰恰反映了女性无法同压迫她们的体制进行抗衡”(Claridge：57)，也有研究者认为艾米丽像“男性一样把自己的意志施于男性权力结构之上”(Tyson：336)。事实上，该故事最根本的权力关系，是美国内战之后南北方之间的关系，而这一关系具体体现在处于不同社会地位的艾米丽同巴伦之间的权力关系之上。

《献给艾米丽的一朵玫瑰花》中艾米丽家的“房子”是一个特殊权力空间。故事第一部分就提到，“那是一栋过去漆成白色的四方形建筑，坐落在当年一条最考究的街道上，装点着十九世纪七十年代风格的圆形屋顶、尖塔和涡形花纹的阳台，既厚重、又惹眼”(姜礼福，2022：136)[1]。可以说，这个房子是故事中最核心的空间，几乎所有重要的事件都发生在房子之中。这里既是艾米丽父亲为女儿提供的安全之地，也是对女儿实施权力控制的地方，既是艾米丽和巴伦的爱巢，也是巴伦的被杀之地，既是艾米丽同外部世界隔绝、自我封闭的场所，也是她试图同外面世界联结的地方。

故事伊始和结尾都聚焦于艾米丽的死亡，其背景都是艾米丽的房子。在时间上，可以说故事情节相当“混乱”，充满了插叙、倒叙和时间迂回现象。事实上，故事中包含着大量时空信息的暗示。要把握故事时间，其中一个突破点是“1894年”(136)，这也是唯一提及的年份。正是在这一年，小镇镇长豁免了艾米丽一家的税款，“期限是从她父亲去世之日开始，一直到她去世”(136)。根据逻辑推算，这一年应当就是艾米丽父亲去世

1 姜礼福：《跨学科英语文学阅读与欣赏》。南京：南京大学出版社，2022。本书小说文本引用皆出自该书，该节、4.2节、4.3节、5.3节仅首次出现标注完整出处，后面仅标注页码。

的年份。故事开头提及，她的房子已经“至少10年没有任何外人进入了”（136），而根据故事第二部分可知，最后一批进入她房子的人是小镇上的收税人，因艾米丽离世时为74岁，可推知此时艾米丽64岁左右。故事最后一部分提及，艾米丽的房子其中一个房间已经有“40年没有外人上去过了”（143），可推测这个房间就是巴伦的被杀之地，可知巴伦被杀时，艾米丽34岁，是“她父亲去世后两年”（138）。根据故事第二部分，艾米丽撵走收税人和30年前撵走那些因“气味”前来滋扰的小镇人一样，这再次印证了纳税人闯入艾米丽家时，她已经64岁。根据这些信息，可推算出艾米丽出生于1863年。在故事中，艾米丽的房子是整个小镇关注的焦点，似乎是一个是非之地，与外界隔绝。房子最大的特征在于外在的稳固性和整体的封闭性。

艾米丽的房子在特定的社会历史语境下，具有很强的符号意义。美国内战之后，南方传统的贵族阶级权力式微，南方种植园经济岌岌可危。可以想象，艾米丽家首当其冲，是被影响的对象。在这样的背景下，艾米丽父亲究竟为什么还要建造这样一所房子呢？首先，我们要了解父亲建造房子的动机。艾米丽出生于1863年，正值美国内战战火纷飞之时，她所在的南方贵族家庭不断走向衰败。可以说，艾米丽从小最缺乏的就是安全感。房子建于1870年代艾米丽十多岁的时候，可以想象，这是父亲为保护女儿安全拼尽全力的最后一搏，试图为她提供一种有形的物质保障。故事中也提及，当父亲死后，房子是唯一的遗产。的确，在艾米丽成长过程中，房子发挥了“安全屏障”的作用。这所房子成为象征着南方贵族的艾米丽父亲坚持南方传统、实施南方权力的最后空间。同时，房子是父亲以爱之名约束、控制艾米丽的地方；父亲把女儿所有的追求者都撵走了，也显示了南方传统父权社会中父亲的威权，所谓的外在原因是，周边所有的年轻人“都配不上女儿”。一方面，对于艾米丽父亲而言，南方已不再是之前的南方，只有平时锁在深闺的女儿才是真正的南方人，而周边那些虽然生活在南方但却已经“北方化”了的南方年轻人是配不上自己女儿的。

另一方面，艾米丽父亲对南方持失望甚至绝望的态度，他对女儿的强力干涉暗示着他不再奢望家族的延续。父亲去世以后，房子成为艾米丽安全感的重要源泉。正如故事中所描写的，“她父亲去世后，她就很少露面了；她的爱人离开后，人们几乎根本就看不到她了”（138）。这说明，艾米丽深居简出，大部分时间都是待在自己的房子内，究其根本原因，就在于这是她感到最安全的地方。

其次，房子是父亲和艾米丽进行南方传统、南方“权力”交接的地方，是艾米丽继承和施展南方威权的地方，是她唯一可以依靠和驾驭的地方。当父亲去世，周边人要帮忙下葬时，她予以拒绝；当父亲遗体被强行带走时，她崩溃了。究其原因，一方面是她难以承受丧父之“痛”，毕竟父亲是她唯一可以依靠的人。另一方面，她在一直以来觉得最安全的家中，无法“控制局势”，完全丧失了安全感。

身体是权力实施的重要载体。对于身体的控制是权力的主要呈现形式之一。在艾米丽年轻时，父亲对她严加管教，甚至到了她三十多岁，依然不允许她同同龄人交往，把“所有的追求者都赶走了”（139）。这种近乎苛刻的控制貌似绝情，但却是有效的，艾米丽自小到大一直是安全的。因此，她对父亲言听计从的重要原因在于，父亲满足了她“安全需求”这一最根本的需求。不能否认的是，父亲对她身体的控制，也使她意识到“身体控制”的重要性。当他父亲去世之后，她无法接受这一事实，拒绝他人处理父亲的遗体，因为父亲的身体已成为一种安全支撑的象征和符号，而当父亲遗体被强行带走后，她精神崩溃了。

在艾米丽的潜意识中，身体支配已然是权力的象征，父亲对她身体的支配以及她对父亲身体支配中的无力，使她认识到身体和权力的密切关系。父亲死后，她最为关注的是身体支配，不仅支配自己的身体而且试图支配他人的身体，这体现出她对安全感的一种渴求。

首先，她试图控制自我的身体。在父亲死后，她病了很长时间，当她再次出现在公众视野时，她已剪了短发。这种发型的转变富有深意，表明失去父亲依靠的艾米丽第一次试图“控制”自己的身体。这也是她第一次尝试“权力”的感觉。长时间被父亲“控制”的艾米丽在失去依靠后，不得不独自面对生活，也第一次品尝到“人生主人”的滋味。父亲死后，她选择和来自北方的巴伦一起，这是一种“权力”的任性，也是对父亲生前威权的一种叛逆。

值得注意的是，艾米丽在和巴伦之间经历了相识、相知、相爱的过程，直到最终女方用砒霜将男方毒死，这不同程度上体现了女方对男方的权力控制。如果说，艾米丽在同父亲的关系中，所汲取的人生经验是必须做人生的主人，那么也可以说，正是这条人生经验对她和巴伦的关系产生了重要影响。她时刻试图在两人关系中占据优势，试图成为掌控两人关系走向的人。这同她内心的需求密切相关。

在父亲生前，她之所以对父亲言听计从，不单是因为父亲的权威，更重要的是，父亲能给予她安全感。在动荡的内战时期，作为没落南方贵族的一份子，幼时的她自然对外界没有安全感，是父亲一直给她庇护。在她十多岁时建筑的坚固房子成为她的安全之地，而他们的房子也可看作南方贵族势力和权力的最后一个标志物。

艾米丽和巴伦的结合令镇上的居民大跌眼镜，这里问题的关键是，南方的贵族大小姐为什么会选择一个来自北方的乡巴佬？事实上，这同艾米丽内心的需求密切相关。父亲的去世意味着，她生命中曾给予她最基本的生存保障和安全感的重要支柱已坍塌。父亲的去世对她的心理造成极大冲击，也迫使她瞬间成长，使她意识到自己不能过度依赖他人，一定要做自己人生的主人。一方面，父亲去世留下的空缺需要填补，很显然巴伦是一个极好的选择。巴伦性格随和、外向，交际能力强，和艾米丽在性格上形成互补。到小镇不久，他就和所有的居民熟识了。巴伦可以凿开之前艾米丽和周围邻居不相往来的坚冰，帮助她融入“新社会”，从而实现人生新启航，获得一种安全感。问题的关键在于，为什么一定是巴伦？除了他的优点之外，另外一个重要原因在于他在南方是“孤立”的存在，举目无亲，没有根基，这无疑为艾米丽实现自己掌控人生的计划提供了绝佳选择。艾米丽寻找的是一个对她言听计从、“逃不出她手心”的人。艾米丽和巴伦开始约会，并乘着马车招摇过市。艾米丽并不觉得和一个“乡巴佬”约会而有损身份。这貌似反常，实则反映了艾米丽内心对掌控二人关系的一种自信。她和巴伦的相爱是源于对安全感、对爱和归属感的需求，同时更是源于她要做人生主人的需求，这对艾米丽而言是一种“自我实现”。

那么另一个重要问题是，她为什么又要杀死巴伦呢？难道这也是源于内心的需求？这需要在邻居对艾米丽和巴伦约会的反应中找到答案的蛛丝马迹。当两人开始高调约会时，镇上居民为之震惊，曾经把周边所有男子拒之门外的大小姐却和大家都看不起的北方佬混在一起，这让大家感到艾米丽是“小镇的耻辱”，认为她有辱家族和整个小镇的声誉。就在艾米丽和巴伦好事将近之时，好事之人给艾米丽的表姐写信，告发艾米丽的不耻行为。果然，艾米丽的两个表姐出现，对两人的关系进行了干涉。这一部分的描写语焉不详，但可以推测的是，艾米丽和巴伦的关系受到了很大影响，巴伦由此消失了一段时间。很快酒馆里传出消息，说巴伦在酒后坦言他喜欢“男人”。难道巴伦真的喜欢男人？如果他真的喜欢男人，他会一直和艾米丽约会吗？为什么是在艾米丽表姐出现、对二人关系横加干涉后，就有传言说他喜欢男人呢？他为什么会出现在酒馆？很显然，他是受到艾米丽两个表姐横加阻止和干涉后，出于无奈和绝望，以及对自己无法和艾米丽在一起的恼恨而在酒后胡言，这也意味着在重压之下，他试图放弃两人的关系。

可以想象，在艾米丽面前，巴伦应当也表达了结束两人关系的想法。这对艾米丽而言，无疑难以接受，因为这是对她自尊的极大伤害，也是对她“权力”的极大挑战。艾米丽在和第一个男人——父亲——相处过程中，获得的最重要的人生经验是，要占据更为主动和相对独立的地位；而在和第二个男人——巴伦——的关系中，就是要控制他。两人已经开始谈婚论嫁，马桶上“HB”（巴伦姓名首字母缩写）的字样都刻好了，现在却想放弃？一位南方大小姐乐意屈尊和北方佬待在一起，已经是做出了“自我牺牲”，现在竟然要遭到抛弃。这无疑直接引发了艾米丽的杀机。可以说，父亲去世后，艾米丽经过了苦苦挣扎之后，她把所有的希望都放在了巴伦身上。她没有能力留住第一个男人的身体，于是决定要留住第二个男人的身体。这直接导致她购买砒霜，将巴伦杀死，然后常年和他的尸体睡在一起。值得说明的是，在小说中，身体和对身体的控制传达着艾米丽的人生体验和对权力的朴素认识。

父亲去世之后，无法留住他的身体及其蕴含的安全感这一经历让她认识到，把控身体至关重要。她尝试开始自我控制，发型的改变标志着她控制身体、占据主动的开始，她和巴伦的关系都源于她的“身体哲学”，即对身体控制重要性的认同。值得指出的是，这一行为实则使她丧失了对自我身体的控制力。在她毒死巴伦之后，镇上居民至少有半年时间没看到她，而再次看到她时，她的身体已经变形，变得浮肿，头发也变得花白。这可谓是对艾米丽试图维持自我权力的一种讽刺。或者在某种程度上说，随着巴伦的死亡，艾米丽的生命也走到了尽头。这是南方贵族试图同南方实现“联结”努力的失败。艾米丽权力的丧失也是南方失去权力的象征。

多年之后，艾米丽曾再次打开家门，接纳周边的孩子，教他们画画，这是她试图同外面“新世界”实现联结的第二次努力，但随着学生越来越少，这一努力再次失败。艾米丽的家门从此永远地关闭了，她也从此彻底放弃了“突破”房子的空间，放弃了融入北方的努力。在某种程度上，在北方道路所及之处，整个南方“北方化”了，艾米丽坚持的南方已无处可寻。

由以上分析可知，在某种程度上，故事中的房子是艾米丽的安身立命之地，是在南方贵族没落的情境下父亲依然可以发挥威权的空间，是美国内战之后留下的“最后一块南方之地”，也是艾米丽施展权威的空间。

这个空间见证了父亲与女儿、南方与北方的权力关系，成为一个生动的时代注脚。

可以说，无论是麦尔维尔的《水手比利·巴德》，还是福克纳的《献给艾米丽的一朵玫瑰花》，都反映了特定的空间背景下，不同阶层个体的权力关系。这种权力关系既体现为控制与被控制的关系，也呈现出历史洪流中控制与反控制之间的动态关系，为我们深刻理解权力的本质提供了很好的视角，而权力关系的探讨也为文本的深层阐释提供了重要支撑。

第四章 民族/种族与权力

4.1 种族的生命政治——殖民主义与权力的跨民族/种族维度

在人类文明进程中，资本主义工业文明的发展具有现代性和全球化的本质特征。西方现代性的一个重要结果是全球化。全球化带来了不同文化、文明、种族和民族之间的交汇、碰撞与冲突，同时也促进了相互之间的交流与交融。西方全球化的背后推手是伴随资本扩张而兴起的殖民主义和帝国主义，而西方殖民主义的历史就是西方对东方妖魔化和征服的历史，体现了一种典型的东西方权力关系。

在殖民主义以及生命政治权力实施过程中，种族主义和物种主义往往交织在一起。福柯在法兰西学院的系列演讲中提到，种族在生命政治的理论化过程中发挥了重要作用。他对19世纪早期的文化进行分析，提出了“种族斗争话语”的说法：

> 种族斗争话语将成为一个中心的、被中心化的或正在中心化的权力。它不单单是种族之间的斗争话语，而是一个视作“真正的”种族针对其他种族的斗争话语。“真正的”种族掌握着权力，制定标准，压制那些因背离规则或生物遗传不一致而对他们形成威胁的种

> 族。从这个角度而言，我们有各种贬抑的生物–物种主义话语，社会机构的相关体制采用排挤和隔离手段，确保社会的正常化。（Foucault，2003：61）

福柯界定的种族斗争话语导致的“种族战争”呈现为欧洲的殖民主义政策及其活动，这便是民族的生命政治。如果从人类中心主义的视角理解殖民主义语境下民族的生命政治，其本质就是一种物种主义。

可以说，殖民主义的历史就是西方工业国家运用其技术力量在全球范围内施展殖民权力和帝国权威的过程。殖民主义主要表现为军事征服、政治统治和文化渗透等，其中文化渗透不容忽视。正如杜宁凯（Nicholas B. Dirks）所言，“尽管殖民征服依托于强大的军事力量、军事组织、政治力量和经济财富，同时殖民主义也是一项文化控制工程。殖民主义知识推进殖民征服进程”（Dirks：3）。在某种程度上，殖民主义是对异域空间开展的军事、经济、政治和文化的控制，通过意义、实践、知识和认知方式的共同生产，使殖民权力合法化并持续发展。尼古拉斯·托马斯（Nicholas Thomas）在《殖民主义文化：人类学、旅行和政府》（*Colonialism's Culture: Anthropology, Travel and Government*）一书中同样强调殖民主义的文化层面，认为“同政治或经济层面而言，殖民主义的文化过程同样重要。通过符号、隐喻、叙事等手段，殖民主义被呈现并赋予权力”（Thomas：2）。

伴随着西方殖民主义的推进，西方白人殖民者在世界范围内扩散。为了使殖民活动合法化，他们大力宣扬白人优越论，催生的“种族主义”成为殖民主义活动的重要支撑。西方种族主义宣扬人种优劣论，实则是一种“白人中心论”，强调白人的优越和有色人种的落后、野蛮，在白人与有色人种二元对立的权力关系中，有色人种成为被征服、控制、迫害的对象。正如马苏德·卡玛利（Masoud Kamali）所言，“权力和控制在种族主义的再生产过程中发挥重要作用，维持白人的主导和优势地位，这不仅仅是一些个体的歧视和行为问题，而是现代西方国家的结构性和体制性问题”（Kamali：41）。种族歧视源于一个社会中的权力关系和结构性、体制性安排。

文学作品是观察、理解不同民族、种族权力关系的重要媒介。在西方英语文学中，有诸多反映民族关系、种族关系的作品，其中影响较大的主要包括非裔美国文学、流散文学等。本章将以三部文学作品作为研究对象，探讨特定历史阶段呈现出的不同族群之间的权力关系。其中两部是南非作家的作品，分别是J. M. 库切（J. M. Coetzee）的长篇小说《等待野蛮人》（*Waiting for the Barbarians*）和马琳·范尼凯克（Marlene van Niekerk）的《凯旋》（*Triomf*），用以考察白人和有色人种以及白人族群内部的权力关系，揭示种族想象和动物书写的内在联系。另外一部则是美国黑人作家拉尔夫·埃里森（Ralph Ellison）的短篇小说《归航》（*Flying Home*），该作品讲述了第二次世界大战期间一名美国黑人年轻人试图奔赴战场证明自己的价值，但又因种族隔离和歧视而陷入窘境的故事，呈现了特殊历史时期黑人和白人之间权力与文化冲突所形成的独特景观。

4.2 库切《等待野蛮人》中的帝国权力反思

到了20世纪，对西方国家的殖民主义和帝国主义行为保持距离并进行反思，是西方文学批判现实主义传统的延续。其中，反思较为深刻的作家以英国的约瑟夫·康拉德（Joseph Conrad）和南非的库切为代表。他们都通过作品呈现白人殖民者和被视作“他者”的有色人种或异域种族之间的权力关系。

《等待野蛮人》是库切的长篇小说。故事以一位帝国前哨的老行政长官为叙述者，讲述了他在帝国军队试图剿灭其他种族野蛮人行动过程中的所见、所历与所思。在叙述中，老行政长官对帝国的本质、殖民定居者的生活方式、异域种族的生存环境、殖民活动与狩猎之间以及殖民者同异域种族之间的关系等进行了剖析和拷问，蕴含着库切对帝国权力和暴戾行径的控诉以及对殖民活动所导致的环境和生态后果的反思。有学者对小说中的野蛮人意象进行剖析，认为"野蛮人的存在为帝国提供了一个目标，使帝国权力的实施变得合理"；同时，该小说展现了"帝国权力的破产"，因为"正是把这些所谓的野蛮人视作威胁，并除之而后快，才导致了帝国的最终崩塌"（Darby：64）。《等待野蛮人》从多个层面呈现了西方帝国主义的权力政治、殖民政治，具体反映在帝国与反帝国、白人与其他有色种族之间的权力纠葛，以及西方根深蒂固的物种主义思想。

《等待野蛮人》中权力的实施还体现在对"真理"或"真相"的探寻。福柯曾提到"真理体制"，它指的是一种机构性体系（institutional system），借此国家和其他机构（政府组织、军事、医药和文化产业）和文化创造者（科学家、教授等）认定某些观点、行为是真实的，从而实现其他行为或阐释的边缘化地位或静默状态（转引自Dillon：362）。由此可见，真理、真相和知识是紧密相连的。老行政长官虽然是白人殖民者，但却能够从一个超脱的视角对帝国进行冷静观察。从乔尔（Joll）上校手下对贫困部落人的残忍对待，他反思道："痛就是真相，所有其他人都值得怀疑"（姜礼福，2022：7）。这句话虽短，却从根本上揭示了帝国权力运作的机制，以及帝国的真相和知识。对于帝国而言，所有其他有色人种都是可以被规训的对象，并且需要采用暴力手段，这就是殖民者的知识和话语生产方式，这便是权力运作的基础。事实上，将部落人视作"野蛮人"本身就是一种知识和话语，这也构成了帝国权力运作的重要前提。

在探寻"真相"的过程中，老行政长官成为帝国权力实施的牺牲品。拘捕老行政长官的是来自第三局的一名准尉警官。老行政长官被控诉涉及两宗罪：第一，同街头女人鬼混、道德败坏，是一种渎职行为，是对帝国形象的亵渎；第二，因护送流浪女孩回归部落，透露即将发动进攻的预警信息，被认为是通敌叛国。在小说中，对于隶属第三局的准尉警官而言，

“通往高层的路对于一个没有钱、没有背景、仅有学历的年轻人来说相当艰难”（113）。准尉警官试图立功，获得更多的资本。布尔迪厄认为，没有社会资本，没有经济资本，文化资本也不多，要获得更多的权力，只剩下卑劣的手段。在小说中，准尉警官对老行政长官的举报似乎印证了这一点。

在小说中，库切描写了白人殖民者对游牧民族的暴力行径。一队野蛮人，12个人，一个个都用手捂着腮帮子，原来是“一根环形铁丝从个人手掌穿过，又穿透他们脸颊上打出的小孔”（137）。其中四个人被施以笞刑，他们的待遇同牲口一般。乔尔上校用炭条在他们背上写字“敌人…… 敌人 …… 敌人 …… 敌人”（139）。接着，库切对暴力场景进行了更为细致入微的描写：“蹲着的四个囚犯弯腰一字儿排开，一根沉甸甸的长长的木杠，上面吊挂的细绳穿过拴着那些人面颊和手掌的环形铁丝——这根细绳从头一个人嘴边的铁环穿过，绕过杠子穿到第二个人的铁环，在杠子上再绕一下，穿过第三个人的环，再绕一圈，穿过第四个人的环上。我看着一个士兵慢慢地把那根细绳抽紧了，那些跪着的囚犯脊背压得很低，几乎要吻到那杠子了。一个囚犯痛得扭动身子呻吟起来。其他几个一声不吭，他们的意识全部集中在那根细绳的任何一点细微的牵动上，祈告着别让它撕裂自己的血肉之躯”（139）。施行笞刑的四个士兵站成一排，抡起粗大的绿色警棍把囚犯的背脊和臀部打得噼啪作响。这个场景不禁让人想起福柯在《规训与惩罚》第一章中描写的18世纪欧洲对罪犯惩戒的场景。福柯认为在18世纪末和19世纪初，“对肉体的酷刑和肢解、在面部和臂部打上象征性烙印、示众和暴尸等现象消失了，将肉体作为刑罚主要对象的现象消失了”，作为“公共景观的惩罚消失”，惩罚也不再是一种“公开表演”（福柯，2003：8–9）。但在这里，野蛮性的暴力似乎又把我们拉回到18世纪。

白人殖民者肆无忌惮地实施暴力，展现了至高的权力，人性之恶也体现得淋漓尽致。他们对游牧部落的人采取无差别暴力的方式，无论老者、妇女还是儿童都遭到毒打和迫害。正如福柯在《性史》中所指出的，至高权力的特征性特权之一，就是决定生与死的权力。帝国士兵们对所谓的"野蛮人"进行鞭笞，直到疲惫不堪。乔尔上校发话，打累的停一下，把手里的警棍交给观众。一个女孩被她的朋友推上前，咯咯地笑着，捂着自己的脸。"去嘛，别害怕！"他们鼓动她。一个士兵把警棍递到她手里领她上前。她站在那儿直发愣，一只手还掩在脸上。叫嚷声、玩笑声、喊唆声向她扑来。她举起了警棍，猛地一下砸在囚犯臀部，扔下警棍跑回欢呼的人群中。

这段描写，正是阿伦特所界定的"平庸之恶"。所有在场的白人都被"野蛮人""威胁"这所谓的真相蒙蔽了双眼，并在无意识中参与到迫害之中。

4.2.1 种族主义——权力的殖民主义形式

在《等待野蛮人》中，乔尔所带领部队的目标是消灭白人城镇周围的异族，所谓的消灭"野蛮人"，也就是从身体上进行消除。这是一种典型的身体政治。正如福柯所言，生命政治主要聚焦物种的身体。

小说中白人殖民者和其他民族/种族之间的关系揭示了殖民历史上白人和其他民族或有色人种之间的关系，也反映了资本主义的生命政治模式。资本主义可追溯到17世纪，当时，奴隶种植园的发展同种族压迫密切相关，正如罗宾·布莱克本（Robin Blackburn）所言，"奴隶种植园是欧洲资本主义、殖民主义以及海上强国最明显的后果……种族思想是重要的帮凶"（Blackburn：350）。福柯从历史的视野对生命政治进行考察，对殖民主义和种族主义之间的关系进行了揭露，他认为"生命权力是资本主义发展必不可少的重要因素。如果无法控制身体，使其服务于生产以及实现人口的调整以适应于经济，资本主义便不可能得到发展"（Foucault，1978a：141）。资本主义在殖民扩张过程中，一方面需要控制殖民地居民的身体，使其为资本主义机器运转服务；另一方面需要采用暴力手段，对威胁者保持足够的威慑。为了使资本主义生命政治得以顺利运转，将异族矮化为非人族类或动物是有效的手段。资本主义生命政治在本质上呈现出的是人之人性与动物性的冲突。阿甘本认为，“一切形式冲突之根本的政治冲突最具决定性的是人类动物性和人性的冲突”（Agamben，2004：80）。由此，他认为“西方政治从一开始就是一种生命政治”（80）。因此，西方资本主义政治呈现为“人类和动物生命之间的战争”（80）。不同文明和文化冲突视野下的西方资本主义生命政治，呈现为西方与东方、白人与有色人种之间“人类”和“非人”生命之间的冲突。从这个意义上而言，生命政治是对不同民族、种族等群体之间区隔的一种描述，法律、机构和相关知识等又会强化和巩固这些区隔，在促进某些群体发展的同时，抑制甚或剥夺其他群体的生命。

在西方殖民者眼中，白人处于中心地位，所有的“异族”都是他者，并非真正的人，是需要被控制、驯化的对象。白人往往呈现出彻底的“动物性”，具体表现为对其他民族和种族生存权和生命权的剥夺。正如丹尼丝·费雷拉·达席尔瓦（Denise Ferreira da Silva）所言，“在生命政治操控中，种族性是决定谁可以被杀、谁可以存活的先验标准”（转引自Pugliese：32），可以说，将其他种族降格为动物并成为权力恣意控制的对象，是殖民侵略者的一贯伎俩，是殖民主义和帝国主义的重要思维范式。西方白人殖民者往往从语言和行为两个方面将原住民同动物勾连。在语言上，兰德尔·阿姆斯特（Randall Amster）认为“不管是欧洲帝国主义者还是美洲殖民者，西方侵入者总是用‘老鼠’‘蠢猪’‘野猪’‘猴子’‘畜生’‘肮脏动物’等字眼辱骂被害者”（Amster：197）。在行为方式上，佳亚特里·斯皮瓦克（Gayatri C. Spivak）认为“帝国主义者常常视被边缘化和殖民化的居民为动物，因为在他们看来，那些人还未完全进化为人类”（转引自Wolfe：7）。弗朗茨·法农（Frantz Fanon）提出在殖民主义的“二元对立世界不可避免地导致原住民的非人化，或更直白地讲，原住民被转化为动物”（Fanon：42）。嘉丽·罗曼（Carrie Rohman）也认为“将动物性嫁接给处于边缘化族群的行为旨在巩固西方主体地位，保持帝国主义霸权的生命力”（Rohman：29）。

在小说对话中，老行政长官曾说，“我屋里养了两个野生动物，一只狐狸，一个姑娘”（47）。这反映了殖民者一贯的思维方式，即殖民地居民同野生动物没有太大区别，在白人殖民者面前，都是低等的存在，是应被控制的对象。格伦·埃尔德（Glen Elder）等在《种族、地方和人类疆界》（“Race, Place, and the Bounds of Humanity”）一文中提出“殖民动物”（colonial animal）这一概念，用来指“再现殖民者和‘土著居民’的动物”（Elder *et al.*：185）。在殖民进程中，白人殖民者将其他一切有色人种视作他者甚至动物。殖民主义活动使相对人类中心主义思想发展到极致，集中表现在对无辜生灵的恣意迫害，其最终后果是殖民者的残暴、冷酷，道德的沦丧和人性的缺失。在《等待野蛮人》中，帝国的保卫者和士兵以极为残忍的手段对付抓来的异族野蛮人：“绳子系着一个个被拴着脖子的人……一根环形铁丝从每个人的手掌穿过，又穿过他们脸颊上打出的小孔”（137）。在这里，殖民者的残忍被呈现得淋漓尽致。

4.2.2 《等待野蛮人》中的权力结构和实施

在小说中，白人殖民者、土著居民和动物被编织在殖民主义的权力场域之中，形成权力等级结构。老行政长官是西方殖民者的代表，处于殖民权力结构的顶端，而土著居民及其赖以生存的环境处于权力的末端。乔尔上校的降临对原有的权力结构造成了冲击。在乔尔到来之前，老行政长官和当地居民是控制与被控制、管理与被管理的关系，双方相安无事，而乔尔到来之后，他代替行政长官成为权力链的顶端。他的使命非常明确，就是要根除“野蛮人”。这从一个侧面说明，帝国对老行政长官的工作并不满意，否则乔尔上校也不会以空降的方式，且计划通过暴力的方式清除所谓的“野蛮人”。乔尔上校到达后，新的权力结构得以形成。乔尔处于权力链的顶端，然后依次是老行政长官、殖民地当地居民，另外，故事中当地的野生动物也被纳入权力结构，处于权力链的末端。

在乔尔与老行政长官交流的过程中，关于狩猎活动的描写具有象征意义。狩猎反映了人与动物之间控制与反控制、追捕与反追捕、猎杀与反猎杀的二元对立关系，因而在不同历史阶段被赋予不同的文化含义。在殖民主义时期，狩猎因涉及白人殖民者、动物和原住民等多方关系，反映了复杂的权力话语关系。乔尔描述了自己的狩猎经历："成百上千的鹿、猪和熊被杀死，漫山遍野都是动物尸体，多得没法收拾，只好让它们去烂掉"(1)。这一句的深层含义是，自身可以通过武力手段高效地压制、消灭对方，这在某种程度上传达出他比老行政长官更具有掌控局面的能力。凯文·希灵顿（Kevin Shillington）曾对欧洲殖民者狩猎活动的"实用功能"进行分析，认为狩猎成为衡量殖民者作战能力和征服能力的重要支撑，也就是，"派遣何样的殖民军队到非洲镇压抵抗者，取决于能够捕杀到什么样的野生动物"（Shillington：660）。从这个意义上讲，乔尔的狩猎能力充分证明了他的作战能力。

另一方面，乔尔的捕猎行为蕴含着他对"异己"暴力、冷血的行为方式。西方一些学者对殖民活动和狩猎之间的关系进行了研究，他们普遍认为在殖民主义语境下，狩猎活动不仅是人类对动物的捕杀，更重要的是蕴含着人与人之间征服与被征服的关系。在某种程度上，西方白人殖民者对野生动物的捕杀和对异域被殖民者、其他种族的征服具有内在的同构性。约翰·麦肯兹（John M. MacKenzie）在《自然帝国：狩猎、保护和英帝国》（*The Empire of Nature: Hunting, Conservation and British Imperialism*）一书中认为，"长期以来对野生动物的捕杀是欧洲扩张的一项重要内容"（MacKenzie：296），他还指出"狩猎是欧洲殖民扩张的必要准备和训练"（44）。希灵顿认为"狩猎是欧洲殖民者在非洲活动的重要组成部分……是开拓者、传教士、定居者等在不甚熟悉和极富挑战性的环境中生存所必须面对和参与的"（Shillington：660）。同样，戴维·珀金斯（David Perkins）认为，欧洲殖民者的大型猎物狩猎是"战争的一种操练”，预示着一种暴力征服，他指出“对大型野兽的捕杀是征服、控制和规训殖民地、原住民的过程”（Perkins：66）。乔尔对待野生动物的方式，表明他狩猎的主要诉求是消灭这些动物，从而获得一种暴力的、控制的快感。他在作品中所没有直接表达的就是人类物种和非人动物物种之间的关系。

在权力链中处于末端的是殖民地的野生动物，这些野生动物成为殖民者进行身份建构的首要手段，其存在的意义在于服务帝国权力的巩固。通过残忍地捕杀野生动物，殖民者时刻提醒土著居民他们的权威性和不可抗拒性。约瑟夫·萨拉梅克（Joseph Sramek）指出狩猎和帝国威权之间的紧密联系，认为英国白人殖民者在印度大肆捕杀野生动物的行为“是19世纪构建大英帝国主义和男性身份的重要标志”（Sramek：659）。在小说中，对于游牧民族和异域种族而言，在缺乏有效器械的前提下，要想捕获野生动物尤其大型动物并非易事，而对于配备了先进武器的乔尔上校来说，狩猎不再是维持生存的根本手段，而是消遣娱乐，建构自我“高人一等”身份的有效手段。他在狩猎中杀死成百上千只野鹿、野猪和熊的战绩对于土著居民来讲无疑是一个不可超越的神话，显示出帝国无坚不摧的力量。乔尔上校在狩猎中的巨大成功标志着殖民话语和帝国霸权的不可挑战性。乔尔上校试图炫耀捕获的野生动物，彰显自身的能力以及老行政长官对野蛮人侵扰的无力，其中蕴含了一个基本信息：传言中的野蛮人伺机进攻帝国，应当归咎于以老行政长官为首的殖民定居者未能成功维护帝国的威权形象。

4.2.3 殖民权力的内部消解和重构

对异族他者的残酷是殖民者身份建构的重要表征。老行政长官是殖民权力的重要象征，是帝国主义权力的捍卫者。但是，因为长期戍边，他身上的帝国卫道士身份在逐渐削弱和消解，主要体现在他对殖民地居民的同情、对帝国手段的厌恶。目击无辜的游牧民族、渔夫和土著居民被帝国卫士残酷折磨，老行政长官的良知和道德感逐渐被唤醒。老行政长官人性的觉醒具体体现在他对动物和野蛮人态度的转变上，他和帝国之间的纽带正在脱离，而渐渐与动物建立起新的联系，成为它们的同类，也成为殖民者眼中的异类和他者。他对动物的态度以及被动物化、他者化的过程反映出自我良知的觉醒和帝国卫士身份的丧失。

老行政长官曾从猎人手里买过来一只狐狸，并细心呵护，而他"真是个可爱的小东西"的评论更是直白地表达了他对这只小动物的喜爱(库切：45)。他的一次狩猎经历和在护送野蛮人女孩过程中和马之间的关系，展示了他心态的变化：由单纯的对动物的同情发展到与动物之间的移情。在一次狩猎中，他遭遇了一头公羊，彼此盯着对方，这种凝视对老行政长官产生了微妙的影响，他在动物的眼神中似乎看到了一个卑鄙的恶魔正打算向自己的同类痛下杀手，他产生了一种幻觉："这头骄傲的公羚羊淌着血倒毙冰层上"(53)。由此，老行政长官的意识中出现了一种"别扭的令人不快的感触"(53)，狩猎的乐趣荡然无存，由此他拒绝狩猎，逐渐倒向了民族权力的对立面。另外，他对受到迫害的异族女孩产生了怜悯之心，组织人手、亲自带队、不畏艰难，试图护送她回到本族群。在护送过程中，一匹马不堪重负、奄奄一息，出于人道主义考虑，老行政长官决定结束马儿的生命。当他拿出工具即将行动时，他深受震撼，并确信马儿是有灵性的："我发誓动物绝对有灵性有感知。一看见刀子，它的眼睛就惊恐地转动起来。"(82)他同马儿之间的界限消失了，马不再是他的异类。在回来的路上，由于恶劣的自然条件和供给严重不足，其他护送者杀死无力前行的马儿作为食物。在生与死的考验面前，行政长官无法制止，但却拒绝进食马肉，可以想象他对马儿的下场极为自责。他将马儿看成自己的同类，而食马肉无异于食人族吞噬同类的可怖行径。同时，老行政长官似乎感觉到是自己被杀死、剖尸、吃掉："是在割开我的喉咙；撕开我的肠子；砸开我的骨头"(101)。

需要指出的是，老行政长官对遭受灭顶之灾的马儿感同身受，体现出他对马儿“主体性”的认可，是对西方殖民主义、物种主义的挑战。雅克·德里达（Jacques Derrida）在《我是动物，故我在》（*The Animal That Therefore I Am*）一书中指出，“所有的哲学家都认定人类和其他物种之间的界限是单一的、无法跨越的，认为在疆界的对面是硕大的一个群体，具有单一性和趋同性，人类有权将其笼统地界定为‘动物’。‘动物’这个词涵盖了除了人类之外的整个动物王国”（Derrida：40）。在殖民主义语境下，具有单一性的“动物”（the Animal）一词同样被使用在异族身上。很显然，老行政长官对马主体性的承认也意味着他同帝国政治权力的决裂。

更有意思的是，正如“动物”一词一样，小说中的非白人群体被统一打上了“野蛮人”的标签和烙印，无论是小孩还是老人，只要是异域种族，全部被妖魔化为对帝国权力造成威胁的野蛮人，这是殖民者典型的“趋同、单一化和泛化的知识/权力效应”（Pugliese：34）。在殖民主义背景下，殖民者群体往往掌握至上权力，异族无论是作为个体还是群体都在主权权力法律保护范畴之外，成为一种“赤裸生命”，遭受赤裸裸的暴力。

老行政长官不仅同情动物，而且对殖民地居民关爱有加，甚至不惜代价护送野蛮人部落的女孩回归族群。这同他作为帝国卫士的身份严重不符，完全超出了他作为帝国权力掌握者的行为范围。在某种程度上，他已经站在帝国的对立面，因此被其他帝国卫士指控“通敌叛国”（104），并随即被关押。老行政长官的身份发生了质的变化，由帝国权力的维护者变成帝国权力的受害者，其根本原因在于他放弃了支撑帝国存在的理性、男性气概等。丧失权力的行政长官沦落到与野蛮人或动物相同的命运，原因在于他的“背叛”，从内部弱化了帝国的威严，使帝国颜面扫地。他尽管外表是白人，但在乔尔眼里，已经变成异族，成为帝国权力惩罚与规训的对象。因此，为了维持种族主义权力的威严，老行政长官必须受到严厉惩罚，甚至需要被清除。乔尔所代表的新的帝国势力对老行政长官进行无情打击，旨在重新树立帝国的权威，而身体无疑是惩罚的最好载体。在故事中，老行政长官被残酷折磨，鼻梁被打断，面部被打肿，身上皮开肉绽，甚至被吊在树上“穿着女人的衣服”示众(158)。乔尔甚至手持锤子重砸老行政长官。可以说，老行政长官已经被完全“他者化”“动物化”了。他甚至发出了“对付野兽也不至于要用锤子砸吧”的哀叹(141)。他真切感受到自己和其他被殖民者一样的卑微地位，其所遭受的待遇，“就像昆虫一样在脚下践踏，就像碾死甲虫、蠕虫、蟑螂和蚊子一样”(142)。从这里的描述可以看出，老行政长官切身感受到种族主义政治权力的残酷与卑劣。这里虽然是老行政长官的自我感受，但不难想象，有色人种在面对白人殖民者时，对“甲虫”“蟑螂”“蚊子”“狗”这些辱骂性的字眼或者残酷的惩罚并不陌生，言语暴力伴随的往往是更糟糕的暴力形式。

异于大多数被殖民者的是，老行政长官面对帝国暴力，并非逆来顺受，而是采用理性的思维方式对帝国发出振聋发聩的质疑之声。他所体会到的是，“每一个对野蛮人有好感的人内心就是一头动物”(162)。

遭受到非人折磨之后，他大声疾呼：“我们是造物主伟大的奇迹！”(142)无疑，他为之发声的并非白人殖民者，这里的“我们”包括当地的游牧民族、渔民、土著居民，甚至周围的野生动物。这既是对绝对人类中心主义思维方式的颠覆，也是对相对人类中心主义的质疑。他公然宣称：“任何时候，任何一个人，不论男人、女人，还是穷人、老人、孩子，甚至磨坊里拉碾的马都知道什么是公正的：对于来到这世上的一切生灵而言，公正的意识与生俱来”(180–181)。老行政长官进一步发出“为什么我们就不能像鱼儿在水中游动，像鸟儿在空中飞翔，像孩子们一样无忧无虑地生活呢”的诘问(174)。对于这些问题，他的回答是：“都是帝国造的孽！”(174)这是对殖民主义、帝国主义本质的无情揭露和鞭挞。无疑，曾经的他是帝国秩序的维护者，但现在，他成了反帝国权力的代言人，他的“现身说法”对帝国秩序产生了很强的冲击力和破坏力。

总之，在小说《等待野蛮人》中，库切通过老行政长官的所见、所历、所感、所思呈现出一幅殖民主义寓言图景。貌似强大的帝国威权隐含着巨大的危机，而这种权力危机不仅源于外部，同时也根植于饱含人性的老行政长官的内心，成为帝国权威的内部裂隙。

4.3 埃里森《归航》中的种族、创伤与权力

种族关系是权力关系的重要组成部分。在人类文明史上，白人和有色人种，尤其和黑人之间存在控制与被控制、迫害与被迫害的权力关系。美国白人与黑人之间的种族关系历经了几个主要发展阶段，由一开始的奴隶贸易再到奴隶制，从废奴运动再到种族隔离，以至后来的民权运动等等，黑人的命运史、抗争史也是黑人的血泪史，浸透着黑人种族对正义、自由权利的不懈追求。

美国黑人作家埃里森的短篇小说《归航》讲述了二战期间，一名黑人年轻人试图通过成为飞行员，在战场上拼死杀敌来证明自己，从而扭转白人对黑人根深蒂固的歧视。从故事情节上看，《归航》描述了黑人托德（Todd）试图获取飞行执照，但在飞行测试中因操作失误坠机，受伤后等待救援并最终获救的故事。托德坠机后，黑人杰弗逊（Jefferson）和泰迪（Teddy）第一时间发现了他。杰弗逊派泰迪去找人救援，自己则原地陪同托德。整个故事由此展开，叙事中充满了关于黑白两个种族之间权力关系的隐喻。

种族隔离时代的权力运作不仅仅是通过法律、法规进行的，更重要的是在精神和思想上实现“压迫的内化”或种族权力的内化。在黑人与白人之间的关系中，白人对黑人的压迫不仅体现在直接的控制或者暴力，还体现在黑人同胞之间的彼此轻视。在故事中，不仅白人对黑人总是采取居高临下的姿态，黑人自己也觉得不如白人。托德历经千辛万苦，试图像白人那样成为一名飞行员。但是，他的付出却往往不为自己的黑人同胞所理解。就连他自己的女朋友也质疑他的付出可能终究是一场空：“我太失望了。但凡有点脑子的人都能学会驾驶飞机，但是又如何？你给谁开？”

（姜礼福，2022：204）同样的问题在黑人杰弗逊那里也被提及。不仅如此，这也是"周围的同胞都在问的问题"（206）。这种疑问的根源在于白人对黑人司空见惯的歧视已摧毁了黑人的自信心，因此如有黑人尝试僭越种族鸿沟，反而会受到质疑或者讥笑。但托德对此根本无法认同，他一方面觉得他们无知，更重要的是，他觉得他们之间无法建立有效的沟通和理解。他试图打破种族权力的牢笼，但是在同胞的不理解中，逐渐走向了对立面——远离他们。这便不难理解，面对杰弗逊的质疑，他内心只有一个答案："因为我可以不像你一样！"（206）托德梦想着脱离甚至改变自己的黑人身份，但是无所不在的种族权力使得他的一切努力化为泡影。

4.3.1 飞机、秃鹫与白头海雕：《归航》中的权力结构隐喻

在短篇小说《归航》的叙事中，埃里森有意识地运用一些意象，表达不同人物之间的权力关系。其中，秃鹫直接被提及就达八次之多，白头海雕也被多次提到。两种飞鸟意象在故事中成为黑白两个种族无法跨越的鸿沟。在小说中，飞机、驾驶飞机的能力以及驾机奔赴战场的机会成为白人专属权力的一种象征。飞机所蕴含的权力关系，又通过秃鹫和白头海雕两种飞鸟反映出来。秃鹫和白头海雕的共同点在于飞行。对托德而言，自幼时起，飞行就是他的梦想。儿时，当他第一次看见飞机模型时，立刻被深深地吸引住了，整日沉浸在对飞机和飞行的梦想中。而当他支支吾吾地向妈妈表明想要一个飞机模型时，得到的却是妈妈冰冷的斥责和"只有白人家的小孩才配有"（212）的回应。这句话在他弱小的心灵上打下了种族差异和不平等的深刻烙印。当他成年后，拥有一个飞机模型已不是问题，但没有改变的是黑人与白人之间的种族隔离和歧视，当一名飞行员由此成为托德证明自己、改变自身命运以及打破种族疆界的重要途径。

托德在认知上对秃鹫有一个由恼恨到羡慕再到情感认同的转变过程，这也体现了附着在权力网上的他对自己种族身份的复杂情感。北美秃鹫是美国一种常见的猛禽。从生活习性上说，秃鹫从不食活物，而是以死亡不

久、尚未完全腐朽的动物尸体为生，因此秃鹫往往和霉运、死亡等联系起来。这在故事中得以体现。托德在关键的飞行执照测试中，驾驶飞机起飞时因为爬升速度太快，导致飞机失速并旋尾坠落；这本来有机会及时调整，但飞机坠落时一只秃鹫又撞在驾驶舱玻璃上，血肉模糊，不仅挡住了托德的视线，也让他在紧张中乱了阵脚，从而丧失了调整的机会。因此，在小说中，托德多次提及"令人晦气的秃鹫"（207）。托德对秃鹫充满了厌恶之情，如果不是因为秃鹫，他可能还有机会调整飞机，顺利拿到飞行执照。在对话中，杰弗逊也多次提及秃鹫，并提到他一次看到秃鹫食用腐肉的经历："看到一匹马躺在那里，要不是几只黑秃鹫从它的肚子飞出来，还以为它睡着了。秃鹫嘴上油光光的，好像是在吃烧烤一般"（207）。在谈话中，托德说："或许我们就是一群秃鹫……但是我们也想成为白头海雕，难道不行吗？难道不行吗？"（210）这种蕴含着绝望的声音，是对种族权力不公声嘶力竭的呐喊，同时，这也体现了他对秃鹫这种消极动物意象的身份认同和自己的自卑心态。

在故事中，托德对白人的厌恶和向往体现了他的种族创伤，并有诸多表征，其中也掺杂了对白人的恐惧。在故事伊始，他坠机昏厥，在杰弗逊和泰迪的呼喊下逐渐苏醒过来，看到"刺眼阳光下的两张脸，也不知是黑是白"，感觉"被白人触碰的恐惧涌上心头"（202），但听到熟悉的黑人口音时，他"身子一下子放松下来"（202），这表明他对白人充满了恐惧的记忆。另外一个例证是，他小时候在野外看到盘旋的飞机，正在欣喜之际，看到飘落下来的"如雪花般的"宣传单，上面写着"黑鬼，远离选票"，他犹如看到"没有眼窝、高高耸起的白色高帽"（215）的可怖形象。在这里，高高耸起的帽子是"三K党"的象征，蕴含着黑人对白人群体深深的恐惧。事实上，这反映了黑人的群体心理创伤或种族创伤。

种族创伤是一种集体性创伤，其源头在于种族暴力。挪威社会学家、和平学创始人约翰·加尔通（Johan Galtung）提出"暴力三角"（violence triangle）概念，即直接暴力（direct violence）、结构暴力（structural violence）和文化暴力（cultural violence）三种形式。加尔通首创"和平学"，旨在探讨清除人类社会一切不平等的可能性路径；为了实现真正的和平，他对和平和暴力概念作了重新界定。在加尔通看来，和平就是"暴力的缺场"（Galtung，1969：168），当人们"身体和心理根本性需求的满足受到一定阻碍时，暴力就产生了"（168）。直接暴力是最明显的暴力，例如殴打、咒骂、强奸等；结构暴力是因社会机制、结构导致不同群体间的不平等、贫富差距和关系失衡等；文化暴力是知识、观念、思想层面引发的不平等现象。三种暴力相互作用，相辅相成。结构暴力使暴力变得不可见，而文化暴力使暴力变得合理。结构暴力和文化暴力都可能会导致和加剧直接暴力。

在故事中，托德遭受了多种形式的暴力，是白人对黑人施展权力、控制压迫的重要手段。首先，托德遭受到最糟糕的直接暴力。坠机事件发生后，经过"漫长"的等待之后，托德终于等来了身穿白大褂的"救援人员"。但他还没回过神的时候，三个人强行把他朝某一个束带衣服里塞，让他疼痛难忍，这是对已受伤的托德的直接暴力。在几个白大褂的对话中，他才逐渐明白有强烈种族主义倾向的格莱伍斯（Graves）接到泰迪的求救、听到黑人飞行员坠机受伤之后，非但没有报告给医生，而是直接联系了精神病院的工作人员，他认为"黑人根本就不具备做飞行员的资格，让黑人飞行，不是长官脑子进水了，就是黑人是个神经病"（216）。因此，他直接向精神病院工作人员联系，这便不难理解白大褂直接对托德实施暴力行为了。很显然，格莱伍斯的举动是一种种族歧视和偏见，也是一种文化暴力。当工作人员发现托德并非真正的精神病人时，格莱伍斯辩驳说，也必须把这个黑人送到精神病院。而当托德试图反抗时，格莱伍斯直接用脚踹向托德的胸脯并用力碾压，托德濒临窒息。正是格莱伍斯觉得托德根本就不配做飞行员，一文不值，因此才肆无忌惮地殴打他，这便是文化暴力向直接暴力的转化。当然，格莱伍斯之所以如此嚣张，离不开当时美国社会种族关系的境况。故事发生在20世纪40年代初，美国依然处于种族隔离时代，尽管法律规定黑白种族享有相同权利，不过“隔离但平等”（separate but equal）的政策造成了事实上的不平等，种族歧视现象普遍存在。

种族权力的分化、疆界和鸿沟往往导致种族暴力，并给遭受暴力的一方带来严重的种族创伤。在小说中，白头海雕和秃鹫是种族权力和分割的象征。在种族权力关系中处于劣势地位的托德同秃鹫形成一种认同，产生了一种强烈的自卑心理。他渴望着被白人群体所接纳，梦想着成为一只白头海雕，真正融入美利坚民族之中。

4.3.2 《归航》中的创伤疗愈和权力重构

在《归航》中，托德试图通过做飞行员奔赴战争，以视死如归的态度和英雄气概赢得大家对自己的尊重和尊严，这也是他试图克服种族创伤的重要手段。在《创伤与疗愈》（*Trauma and Recovery*）一书中，朱迪思·赫尔曼（Judith Herman）认为，创伤疗愈一共分三个步骤：首先，创伤在本质上是安全感的丧失，因此创伤疗愈首先在于重新获得安全感；其次在于“铭记和悼念”（Herman：175），铭记和悼念意味着对创伤性事件及其后果的接受；最后是“重新联结”（196），创伤意味着原有关系的断裂，因此寻求新的意义是创伤疗愈的重要一步。由于从小感受到种族歧视，托德最大的梦想就是脱离自己的种族身份，改变自己的悲惨命运。因此，他内心对自己的黑人种族身份并不认同，因为正是这一种族身份让他时时感到恐惧，并处处受到歧视。小说也多次提及托德同黑人同胞的割裂和隔离感：“他感觉同他们无论是在年龄上，理解上，感知上，技术上都是割裂的”（205）。在某种程度上，他处于黑白两个种族的夹缝之中，他试图“冲出”黑人群体，却又无法融入白人群体。一方面，他遭受白人的歧视，另一方面，他又觉得无法得到黑人同胞的理解。他成为飞行员的根本原因在于想要改变自己的命运，但是，白人对黑人的歧视根深蒂固，白人格莱伍斯恶劣的态度和暴力行为使他意识到，黑人和白人之间有着无法逾越的种族鸿沟。

当他依然停留在惊恐和疼痛之时，杰弗逊的一句话令他特别感激：

“是长官不让他离开飞机的，人在飞机在，飞机在人在”(217)。这句话显然产生了作用，格莱伍斯不再要求精神病院的工作人员将托德带走，而是让杰弗逊和泰迪两人抬担架。托德突然觉得“一股暖流涌向心田，打开了早已阻断的交流通道”(217)。他曾经竭力远离自己的黑人同胞，甚至内心对其他黑人充满鄙夷。但在危难时刻，杰弗逊和泰迪的暖心举动使他和自己的同胞实现了一种新的联结。他从两位黑人同胞那里不仅获得了安全感，而且获得了力量。在故事最后，他似乎突然听到一只知更鸟清脆的叫声，抬头一看原来是一只秃鹫。他先是心头一紧，但同时又因为听到泰迪低声的哼唱而放松下来，他看到“那只飞鸟直冲向太阳，散发出金色的光芒”(217)。这一意象具有重要的象征意义，标志着托德在内心上和秃鹫实现了一种真正的认同感，或者自己就像那只秃鹫一样，在种族暴力的洗礼和同胞的帮助下凤凰涅槃，浴火重生。

总之，埃里森在《归航》中将故事设置在美国的种族隔离时期，虽然从法律角度上说，黑人与白人之间是平等的关系，但从现实角度看，两个种族之间存在着严重的不平等。白人牢牢掌握权力优势，而黑人依然遭受种族创伤。在故事中，托德试图脱离黑人群体，冲破种族权力的牢笼，但最终以失败告终。他与黑人之间精神和心理上的重新联结从另一个层面说明了黑人和白人之间的等级权力关系依然根深蒂固，难以打破。

4.4 《凯旋》中的种族与权力[1]

权力渗透在生活的方方面面，权力体现在关系之中。权力距离是指人们离权力中心的距离，每个人因身份、地位、收入、家庭背景等在不同的

1 该节主要内容曾以论文形式发表，参见姜礼福：《〈凯旋〉中的种族、动物与伦理》，载《中国非洲研究评论 非洲文学专辑》2016年总第六辑。

群体中有不同的权力距离。弗雷德·E. 詹特（Fred E. Jandt）将权力距离界定为“一个国家相关机构和组织中的相对弱势的群体对权力分配不公持有的态度或接受程度”，而权力距离是“最早时在家庭中获得的”（Jandt：172）。在权力距离较大的文化中，孩子往往更遵从父母的意见，下属对上级比较恭敬，权势和影响更为集中。

南非白人作家范尼凯克的长篇小说《凯旋》以种族隔离制度废除前的南非为背景，聚焦于伯纳德家（the Benade-family）充满暴力、冷漠、乱伦的家庭关系，展现了南非下层白人的生存困境、内心焦虑和命运抉择等问题。小说中的伯纳德一家生活在精神荒原之上，他们对外界充满敌意，不屑于同黑人交流，同周围邻居恶语相向，相互之间也冷暖不知，更荒诞的是这一家庭内部充满暴力和罪恶的乱伦现象。与冷漠的家庭情感、扭曲的家庭关系和错乱的家庭伦理形成鲜明对比的是摩尔（Mol）同格缇（Gertie）、托比（Toby）两条狗和谐相处的温馨画面。冰冷的人际关系和温暖的种际关系形成巨大反差，体现出不同物种、种族群体之间的权力距离。马克·利宾（Mark Libin）认为范尼凯克透过人狗关系，呈现了“后种族隔离时代南非人的身份地位问题”（Libin：37）。珍妮–玛丽·杰克逊（Jeanne-Marie Jackson）指出“小说中人与动物关系的描写颠覆了人类一直以来的优越地位，虽基于地区经验，却表现出典范意义，值得研究”（Jackson：344）。温蒂·伍德沃德（Wendy Woodward）认为“《凯旋》中失衡的伯纳德家庭和狗之间处于完全平等的关系，人依赖狗，而非相反”（Woodward，2008b：255）。这些针对动物的评论切中肯綮，但又都不足以全面概括小说中人狗关系的复杂内涵。事实上，小说中的人狗关系不仅有浓厚的权力政治内涵，也有明显的伦理指向。

本小节以小说中的狗意象为切入点，考察作者笔下不同人物对待动物的不同态度，挖掘其内在的发生机制，探讨物种歧视和种族歧视的权力共谋，以及南非白人的生存困境和摆脱困境的路径。南非白人的出路在于克服种族观念，新南非的未来在于种族和谐。作家通过摩尔和格缇的精神共通、心灵对话，打破了物种之间的界限，表达了种族和解的夙愿。

4.4.1 种族化的狗——种族权力距离的象征

伯纳德家庭是南非种族隔离制度的见证者，也是受害者。老普浦（Pop）经常将“这世界我们所拥有的就是彼此”挂在嘴边，反复告诫孩子要“彼此照顾”（van Niekerk：154）。这是典型的种族主义思维和自闭倾向，反映出底层白人的身份焦虑，因为似乎只有彼此才能维持和证明对方的存在，这不得不说是南非种族制度酿下的苦果。在老普浦生活的20世纪五六十年代，南非的种族歧视达到顶峰。伯纳德家庭所在的凯旋镇是在1960年政府下令推倒黑人聚居的索非亚镇后，直接在其废墟上建设而成的白人聚居区，是南非种族隔离制度的集中体现。在黑人面前，伯纳德一家享有强烈的种族优越感和自傲情绪，形成一种虚妄的自尊。但是在白人社区，他们又生活在社会最底层。老普浦和老摩尔只是普通工人，生活捉襟见肘，无力负担孩子教育，父亲不断灌输的“彼此照顾”思想导致家庭的孤立、成员的自闭和乱伦。研究者认为“当家庭成员同外部环境隔绝时，家庭内部容易出现乱伦……家庭的社会孤立是导致乱伦暴力的重要因素”（Trepper & Barrett：82）。在母亲病死、父亲上吊后，普浦和摩尔兄妹俩以夫妻的名义生活，弟弟特莱比（Treppie）也同摩尔发生性关系，因此儿子莱伯特（Lambert）的生物学父亲无法确认。令人惊愕的是，莱伯特也同母亲摩尔时常发生性关系，因此乱伦成为家庭里公开的秘密和生活常态。兄妹乱伦、母子乱伦使封闭的家庭结构暂时得以维持，但同外界的隔绝使他们成为南非黑白两个阵营中的“孤岛”，种族身份面临着空前危机。

小说中的狗是伯纳德家庭成员有意识地强化自我身份、克服心理焦虑、调节枯燥生活、转嫁精神危机的重要载体。身份使人产生归属感，并从特定立场认识和阐释周围事物（Simon：67–68）。叙事中的特莱比和莱伯特正是如此。他们将狗划分为黑人的狗和白人的狗两个种类，并表达明确的态度和立场，竭力同白人的狗交流，而将黑人的狗贬损得一无是处。当旧城索菲亚被推倒后，被遗弃的黑人的狗在原城区徘徊，有的狗被活活饿死，有的则因为“思念主人悲伤而亡”，特莱比和莱伯特认为这些狗因“黑鬼”而死，一文不值（van Niekerk：6），他们的冷漠背后蕴藏着种族身份的对立。身份让人产生独特感，特莱比特别在意狗在血统和种类上的差异，据此划分优劣品种。在他看来，白人的狗显然要比黑人的狗体面和优越：黑人的狗都是杂交狗，是劣种狗，而白人的哈士奇、马尔济斯犬、比特犬等血脉纯正，是优种狗。对他而言，白人的狗担负着保护白人、“咬黑鬼”（5）的职能，而黑人的狗“唯一的用处就是用来吃”（8）。老格缇是黑人留下来的，当摩尔、普浦和特莱比第一次发现无助的老格缇时，特莱比对摩尔说，“你最好不要管那条黑鬼狗，它唯一的用处就是炖肉”（8）。当摩尔和普浦收养它后，莱伯特和特莱比耿耿于怀。当老格缇下崽后，特莱比坚持要把所有的幼崽全部扔掉，因为“他不想自己的地盘上住着一窝黑鬼狗的崽”（9）。在普浦的极力阻拦下，这些小格缇才得以留下，但特莱比坚持要阉割小格缇，以绝后患。特莱比和莱伯特是种族主义者的典型代表，白人优越的思想和“自尊”作祟，使他们远离黑人，不乐意同黑人有任何交集和关系，狗成为他们同黑人划清界限、强化自我身份的重要手段。格缇的主人曾是黑人，这是它同黑人的唯一联系，却让他们感到羞耻。同时，特莱比和莱伯特又面临着空前的身份焦虑和危机。微薄的家庭收入、混乱的家庭关系、扭曲的心理使一家人陷入严重的自闭状态，难以同周围白人正常交流。他们同邻居闹得不可开交，归属感越来越弱，白人集体身份面临困境，同其他白人的纽带断裂了，语言变得苍白无力。狗成为他们同白人重建联系的重要纽带和桥梁，是他们接触外界、影响外界、感受自我的重要途径。特莱比和莱伯特热衷于通过模仿狗吠激起周围集体狗吠的游戏。他们每次都站在门廊外的草坪上，身体向前微倾，鼻孔朝上，深吸气，然后发出嚎叫声。随着周边狗的回应，整个街道都喧闹起来，他们似乎“将整个小镇玩于股掌之间”（23）。表面上看，他们在自娱自乐，实际上，他们是试图通过这种行为激发一种存在感，获得对周围世界施加影响的快感，以证明自己的白人集体身份。白人的狗成为他们同整个城市其他白人的唯一纽带，也是他们试图证明自我白人身份的唯一途径。

与特莱比和莱伯特不同，普浦和摩尔不在乎自己的白人种族身份，他们更关心狗作为鲜活生命的存在，而非纠结于狗的主人是黑人还是白人。他们只是按照自己的家庭身份，默默地履行自己的角色和义务。范尼凯克从一个白人作家的角度出发，通过对伯纳德家庭中的冷漠、暴力和乱伦的描写控诉了南非种族隔离制度对人的异化。家庭暴力的不断发生以及与白人世界的隔绝，表明将狗种族化的行为，以及通过狗来建构、证明甚至强化自己种族身份的所有努力都毫无意义。

4.4.2 跨越边缘的他者——生成狗

在小说中，范尼凯克给读者呈现出一个极度变态的家庭关系。暴力是伯纳德家庭生活的一种常态。摩尔是典型的他者形象，是父权体制和荒诞家庭伦理的受害者。作为姐姐和母亲，她在整个家庭中地位最低、受苦最多，不仅遭受弟弟特莱比和儿子莱伯特的言语暴力，而且不得不忍受他们的身体虐待，无条件满足他们的性需求，这是家庭观念中“满足彼此需要”逻辑的后果。与其说是彼此需要，不如说是别人需要她，她为其他三人而活。但她却一直牢记父辈教诲，恪守家庭伦理。即便如此，除了从年老体衰的普浦那里得到一点慰藉外，从弟弟或儿子那里得到任何善意、宽慰、友善的交流仅仅是奢望，因此她是整个家庭中身体受虐最深、精神最压抑、灵魂最孤独的人。

边缘人需要精神慰藉，渴望爱和尊敬，边缘的体验也往往使人更能理解其他边缘人群的处境，并对其表现出爱的能力。受到多重压迫的摩尔正是通过格缇而得到了精神的宽慰，填补了空虚的灵魂。摩尔需要理解、需要爱、需要尊严，同处边缘地位的被人抛弃的格缇使她似乎看到了另一个自己，因而不顾一切地向它释放自己的爱。某种程度上，爱格缇就是爱自己，格缇成为她生命的重要组成部分，是她在暴力和虐待中生活的动力。罗斯玛丽·罗德（Rosemary Rodd）认为，“对某些人而言，动物陪伴可能意味着生存抑或是毁灭”（Rodd：195）。格缇对摩尔就呈现出这种生死攸关的重要性，成为她的生命动力和爱之源泉。

在与格缇相处的过程中，摩尔经历了一个“生成狗”的过程。这是她在心理和精神上向狗无限“接近”的过程，是她接纳和给予的双向过程，也是她和格缇“融为一体”的过程。摩尔将格缇视为同伴知己，格缇成为她的精神伴侣。在摩尔的世界里，人与狗之间是完全平等的关系，人与动物的界限不复存在，她像对待人一样对待自己的狗，不仅能理解动物的思维，善解“狗”意，也能体会动物的忧虑。摩尔既考虑格缇的物质需求，关注其身体冷暖，又照顾其精神需要，关注其心理状况。她不仅喜欢与格缇分享自己的喜与悲，还乐意分担格缇的苦与乐。

在弱小的格缇面前，摩尔扮演着母亲的角色。她像照顾自己的孩子一般照顾格缇。每逢秋天，为了应对严冬，她利用极为有限的部分救济金购买毛线，像典型的慈母那样，早早为格缇编织防冻衣。她不仅为格缇着想，而且站在格缇的角度上为其着想。生成动物就在于“个体把自己想象成动物，想象它会怎样看世界，怎样感知，怎样行动”等（姜礼福，2022：22）。摩尔完全从狗的角度进行思考，认为“狗需要狗，人类不能完全满足它们”（van Niekerk：9）。为了让它更自由、健康地生活，她不顾弟弟和儿子反对，将托比留下，成为它“很好的伴”。她和格缇实现了一种心理的默契、心灵的沟通，普浦提醒她家庭四人要目标一致时说，“他们所拥有的就是彼此”，摩尔的反应是“她还有格缇”（6），显然她已经把它当作家人对待。

摩尔对格缇扮演着母亲的角色，而格缇反过来又成了摩尔的精神母亲，成为她的保护神和天使。事实上，所谓的“彼此”对摩尔而言毫无意义，因为是她一味地付出和满足别人，而自己在其他人身上很少获取，反倒是格缇让她寻觅到安全的靠山、倾诉的对象和心灵的伴侣。在强大的父权思想桎梏下，摩尔对弟弟和儿子无话可谈或者有话不能谈，而面对格缇则可以敞开心扉。不论是面对醉醺醺、寻衅滋事的特莱比，或是疯疯癫癫的莱伯特，又或是电视上的枪击、杀戮等血腥镜头，她都可以说“我要带格缇快点出去”(10)，这成为她逃避麻烦、远离是非的最好借口。摩尔脑子一团糟、内心压抑时，格缇是她最忠实的倾诉对象。当摩尔需要帮忙时，为了避免激怒性格暴躁的弟弟或儿子，她不得不压抑真实的自己，故意在格缇面前试探性地表露心迹，而似乎每一次格缇“大大的眼睛回视着她，都知道她所知道的”(6)。对于摩尔而言，格缇的沉默就是一种力量。如果是房子、用具坏了或东西遗失了，或者是什么在摇晃、流淌，造成了她无法单独解决的困难，就可以说，“见鬼，今晚又要听漏雨声了”，或者，“格缇，你知道我们的浴盆塞到哪里去了？”(12)其他家庭成员听了，可能会主动解决问题，也可能会勾起“你到底在说什么鬼东西”的怒火。在这种情形下，摩尔往往借格缇之名，以“我只是在向狗儿讲话”作为回应，而将危机化于无形(12)。因而，格缇担当起摩尔的倾听者和保护伞的双重角色。同时，格缇像母亲一样以行动鼓舞着她。不管条件多差、多苦，格缇都不离不弃：“格缇从来没有离开过她，从来没有。所有的其他人和她完事之后，便一走了之。普浦也是，很多次。但格缇始终在那里”(243)。格缇于摩尔已经完全超出了一般意义的关系，它对她的包容、鼓舞也只有最无私的母亲可以做到。它的忠诚和坚守赋予了摩尔面对困难、忍受痛苦的勇气和力量。尽管彼此间没有直接的言语对话，但却可以感受到温暖，摩尔也总能感受到它“小小的眼睛释放出的满满的爱”(10)。

摩尔也认同了格缇的母亲角色。当格缇遭到马蜂严重蜇伤，摩尔寝食难安。当它症状恶化，不断干咳时，她在它身上更真切地看到了过世母亲的影子，当年她母亲也是在病重时不断咳嗽。对格缇病情的焦虑使摩尔不堪重负，她在精神恍惚中似乎和格缇合为一体，“当格缇咳嗽时，好像她是在咳嗽的人”(197)。一方面，她希望它咳出一点东西出来，缓解令人窒息的痛苦，但另一方面，又担心格缇似乎要把心都咳出来了。同时，她开始有意识地慢慢咳嗽，希望帮格缇分担一点咳嗽的力度。摩尔在感知格缇的痛苦，而她的内心如同滴血一般。她说："像老母亲在浴室里咳嗽至死，那种痛苦难以忍受"（242）。在这里，格缇对摩尔而言，就是对她尤为重要的活生生的生命个体，是有血有肉、有情感的生命主体，而与此形成鲜明对比的是特莱比，在她看来他"没有心"（209）。摩尔像照顾自己的母亲一样照顾格缇，在它生命的最后时刻，她哀求它咽下一点点食物。

格缇的死让摩尔悲痛欲绝，似乎再次看到了同样死于浴室的母亲。悲痛之余，她用心为格缇设计、挖掘墓穴，挖完后，甚至自己爬到坑里，用脚踩一踩看看是否结实，躺下看看是否舒服。人与动物之间的物种疆界一次次被跨越："格缇是她的狗，她是格缇的人"（243）。很长一段时间里，摩尔魂不守舍，她失去了一个"女儿"，也再次失去了"母亲"，是格缇给了她强大的精神支撑，让她在极端的家庭环境中坚持下来，"她为它而活"（259）。因此，对于摩尔而言，为彼此而活经历了由一开始的为弟弟、儿子而活逐渐转变为为格缇而活，这是对父亲家庭伦理、对弟弟种族伦理和传统物种伦理思想的突破和颠覆。需要指出的是，范尼凯克笔下的摩尔绝非个例，她是整个南非下层白人女性的代表，她的遭遇也具有一定的普遍性。

4.4.3 "境"由心生——天堂狗

伯纳德一家生活在自我封闭的世界里，他们不乐意同"龌龊"的黑人接触，也无法同其他"高傲"的白人交流，他们抗拒即将来临的新南非，虽然他们"彼此需要"，但却不能"自给自足"，无法走进彼此的内心，像作茧自缚的蚕，逐渐走向自我毁灭的边缘，这种"绝境"源于他们尘封的内心。普浦、摩尔、特莱比和莱伯特对动物的态度截然不同，这也反映了他们不同的生活态度。年近耄耋的普浦对种族隔离制度、扭曲的家庭伦理和混乱的家庭生活心怀不满，对遭受虐待的摩尔充满同情，对暴戾、偏执的弟弟和儿子心存芥蒂，但残酷的现实让他感受到的更多的是无奈；摩尔虽然受到生活和家人的多重压迫，但仍然任劳任怨，对生活充满希望，对新南非抱有期冀；特莱比和莱伯特则对人生充满怨恨，对黑人充满鄙视，对其他白人满是敌视，对新南非充满恐惧。在小说中，各种“动物情境”恰如其分地诠释了他们的内心世界。

普浦对生活不满、对现实无奈的心境在他的梦境中表现得淋漓尽致。梦中的一切是那么美好：“我们都到了天堂，都变成了狗，带翅膀的狗。我们不走，我们可以飞，也能讲话。我们变成了狗类天使……天堂里所有的一切都同其他的交谈。鸭子语言、狗语言、人类语言，每一个又都可以明白其他的语言。鸭子也是天使——鸭类天使，它们除了普通的翅膀之外，还有两个彩虹般的翅膀，像蝴蝶的翅膀。我们并不追逐它们，因为它们是我们的朋友。在天堂里，所有的生命都非常友好。我们并不孤单。所有的生命都很幸福，我们心情愉悦，呼吸的空气都是甜的”(238–239)。弗洛伊德认为梦往往是欲望的满足，人们有所期望，但不能在现实中实现，故而寄托于梦境。从这个梦可知，普浦对于沟通的渴望，对于友爱的渴望，对幸福的渴望。在梦境中，他和摩尔都变成了狗类天使，在这里所有的动物都是平等的，没有人与动物的区别，也没有贫穷与暴力。事实上，狗让摩尔成为更好的人，“她想起普浦的梦。她和格缇是彼此的天使”，这使她的内心充满了爱意，释放着善意，并坚强地支撑着他人，“如果没有了托比和格缇，他们还要糟糕得多”(9)。普浦的梦反映出他对陷入孤立状态、罹患失语症的家庭的无奈和悲观情绪，对理想生活的向往以及对人与动物关系的伦理之思。

摩尔对动物持一种敬畏态度。她对弟弟和儿子关于黑人狗与白人狗势不两立的陈词滥调不敢苟同，相信动物都有灵魂，相信因果轮回，狗也不例外。她不让莱伯特破坏索菲亚镇废墟中遗留的狗骨头，因为她坚信那些死去的黑人的狗早晚会死而复生。每当连绵不断的狗吠声将她从睡梦中惊醒，她总是满怀期待：“等大地裂开，那些狗的骨头重新组合，肉体和皮毛又再次附着，并重新站起来”(6)。普浦死后，摩尔将他的骨灰葬在格缇旁边，补充了碑文：

> 安眠在这里的是格缇·伯纳德(现在普浦也在这里)
> 托比·伯纳德之母
> 摩尔·伯纳德之爱犬(摩尔所深爱的)
> 皆卒于气短。
> 他们
> 现在在狗的天堂
> 那里的狗是幸运之神。
> 正如普浦梦中所见。(572)

这段碑文表明了摩尔对格缇深深的爱恋和对普浦的思念，完全打破了人与动物的界限，是她心境的最好注释。

莱伯特冷漠、无情的内心开启了地狱之门，并通过动物得以呈现。他对新南非的临近充满恐惧，对白人种族的命运满是焦虑，因而一直在深挖地洞、存储汽油，一旦局势恶化，便伺机驾车向“北方”国家逃亡。当第一次看到莱伯特在地洞岩壁上作动物绘画时，普浦和摩尔都惊呆了：“那些不是动物，而是怪兽和害虫……所有的都长满了翅膀，长满了腿，长满了头。蛇、老鼠，还有其他的，看起来都不正常，全是畸形的”(294)。莱伯特笔下的狗也是畸形的。这些畸形动物是他内心的最佳诠释，他不仅对新南非充满敌意，而且完全丧失了爱的能力。在他眼中，周围世界甚至整个约翰内斯堡都处于自我毁灭之中，因为“他所看到的都在燃烧。他所能闻到的尽是鲜血和钢铁。他说约翰内斯堡就像一只巨大的钢铁恐龙，正在吞噬它自己”(340)。

范尼凯克塑造的特莱比和莱伯特两个怪胎形象令人作呕。他们不仅对他人冷酷无情，而且对家人也冷漠无感，对他们而言，他人就是地狱。但他们扭曲的心灵背后有什么深层次的原因呢？我们或可从普浦的噩梦中找到答案。

顽固的种族论者莱伯特和特莱比是普浦的梦魇，他老是反复做一个噩梦："他被笼罩在一团白色之中。前面是白的，周围都是白的。除了白色，什么都看不见。这让他感到窒息。当他进入那团白色时，虽然依然能听见，但什么也看不见，怎么也出不来。当他试图冲出来时，却陷入更多的白色之中"（236）。关键是他也说不清楚那团白色是什么，"是羊毛，云朵，沙子，肥皂泡，牙齿，墙，牛奶"（236），好像又通通都不是，就是白色。白色预示着死亡，最终当莱伯特发现了他竟然是兄妹乱伦的产物，残忍的暴力导致普浦死亡。其实，白色也是特莱比和莱伯特顽固坚守的颜色，成为他们一家人困境的症结和病根，白人的自尊与自闭、"彼此拥有"的种族和家庭伦理使他们陷入生活的绝境。白色是他们最大的障碍，白色的皮肤使他们纵享种族优越感，但也导致了他们的自我封闭和与其他人的隔阂，以及严重的自我异化。

普浦的死、难以为继的种族伦理和制度、新南非的诞生是否意味着这一家已经陷入绝境？他们的出路到底在哪里呢？他们以及所有穷苦白人的命运又将如何？范尼凯克对此未作明确交代，但故事结尾透露了足够的信息。在小说最后，摩尔仰望星空，当莱伯特问她在看什么时，她的回答令他意外："普浦正在猎户座的星带里休息，躺在悬于两颗星星的吊床里"（576）。她接着对托比说："看，格缇正在这两颗星的另一侧休息呢。你看到的是她翘起来的尾巴"（576）。这显示了摩尔对明天的坚定信仰，她对黑人的狗老格缇以及黑白混血的托比的深深的爱预示着白人与黑人的一种沟通与和解，接纳黑人的狗是白人伯纳德家庭走向新南非的第一步。

综上所述，范尼凯克的小说《凯旋》是南非由种族隔离制度向民主化进程的重要历史转折时期，南非白人陷入困境、迷惘和彷徨的生动写照。历史和现实都表明，种族隔离制度不仅使黑人受到极大的伤害，也使白人陷入困顿。小说中的人狗关系意蕴丰富，不仅反映了南非白人的自我异化及其根源，而且隐含着白人摈弃偏见、正确前进的方向。范尼凯克通过对摩尔形象的塑造，试图说明在种族主义、性别歧视盛行的南非，对爱、尊敬和平等的坚定信念一定会打破种族主义、物种主义和性别歧视的坚冰，迎来一个更和谐、更自由、更平等的南非。

在西方现代性和全球化背景下，不同民族、种族之间的关系涉及不同文化、文明的碰撞、矛盾和交融，本质上是一种复杂的权力关系。在20世纪，西方白人占据优势权力地位，对非白人民族和种族进行了无情压榨和迫害，加深了西方与东方、北方与南方的差异与对立。在21世纪的今天，世界不同民族、种族之间的交流，不同文化、文明的互鉴尤为重要，尤其在应对气候变化、流行病等全球性挑战和问题时，人类必须克服民族、种族或文化差异，必须在平等、公正的基础上发展彼此之间的关系，方有可能解决人类面临的困境。

第五章 性别与权力

本章将从性别角度出发，借助不同的文学作品，探讨在特定历史语境下两性权力关系的文学呈现。

5.1 父权制与权力的性别维度

在人类社会，权力关系无处不在，两性关系概莫能外。《圣经》中所描绘的世界上第一个男人和女人亚当和夏娃之间就蕴含着主人和附属的权力隐喻。从现实角度看，自从农耕文明起，男性因身体机制在农耕中占据优势，从而在维持生存和发展中占据主导地位，获得更大权力。男性与女性在历史传统中形成二元对立的关系，具有内在的权力结构。

两性之间的权力关系引起了众多学者的关注和深入探讨。有研究者认为，"性别概念是动态的，性别关系应当被视作一种权力关系"（Kumari：156）。在《权力与性别：理论和实践中的社会理论》（*Power/Gender: Social Relations in Theory and Practice*）一书中，洛兰·拉特克（Lorraine H. Radtke）和亨德里克斯·斯塔姆（Henderikus J. Stam）则认为，"分析权力同深入理解父权制密切相关。女性主义在本质上是一种性别政治，同权力的实践和实施深度勾连"（Radtke & Stam：5）。萨拉·米尔斯（Sara Mills）和路易斯·马拉尼（Louis Mullany）认为，"界定并将权力概念理论化是性别研究的核心内容之一”（Mills & Mullany：57）。

在两性权力关系上，相关的探讨几乎无一例外地都会指向“父权制”。父权制是一整套凸显男性中心、男性控制、男性优先的思想、象征和行为范式的体系。父权制本质上就是权力关系，意味着男性在社会重要机构中掌握权力，相应地，女性失去掌控权力的机会。很多思想家和社会学家对父权制进行过界定。阿德里安娜·里奇（Adrienne Rich）认为，在父权社会，女性无法把握自我，因为“男性通过力量、直接压力或仪式、传统、法律、语言、风俗、礼仪、教育、劳动分工等途径，界定女性应当或不应当扮演的角色”（Rich：41）。也有学者认为，父权制将男性与竞争联系起来，对攻击和力量持肯定态度，而对协作、温柔、脆弱等女性特征持消极态度。父权制推动两性之间影响和权力的失衡，导致女性处于被压迫的地位。文化和性别规范成为父权权力实施的重要保障，女性的附属地位和男性的权威是通过社会关系和信仰体系得以维持的（Geetha：5）。社会学家艾伦·约翰逊（Allan G. Johnson）认为，父权制之所以作为一种社会体系而存在，激发竞争、侵犯和压迫，主要源于控制和恐惧的动态关系。父权制促使男性产生被其他男性控制和伤害的恐惧，推动他们追逐安全地位，或通过控制赢得其他利益，以进攻作为最好的防守，避免陷入被羞辱的境地（Johnson：26）。在父权制体制下，男性处于主导地位，女性则处于被操控的地位。

5.2 欧茨《白猫》中的凝视和权力[1]

美国作家乔伊斯·卡洛尔·欧茨（Joyce Carol Oates）向来关注两性

1 该节主要内容曾以论文形式发表，参见姜礼福：《猫与女性的命运共同体：论欧茨〈白猫〉中的凝视》，载《当代外国文学》，2015年第3期。

关系，尤其是借助“暴力”主题探讨两性之间的权力关系。研究者分析认为，“欧茨的小说世界充满了暴力、毁灭、噩梦和恐怖”，甚至认为“对欧茨小说的任何探讨都依赖于对暴力在她主体作品中地位的理解”（转引自Dunaev: 32）。鉴于作品中的暴力情节经常被误读，欧茨专门撰写了《为什么你的创作总是充满暴力？》（“Why Is Your Writing So Violent?”）一文作为回应，指出她的作品“并不是渲染赤裸裸的暴力，而大多时候是聚焦于暴力现象及其后果处理”（Oates，1981），这为我们更好地领会欧茨作品中的暴力提供了重要的借鉴和指导意义。

在欧茨笔下，暴力受害者首先是处于社会边缘的女性，她们似乎“始终处于暴力包围和摆弄中”（杨华：116），其次是不能发声的动物，作者时常通过人类对动物的“注视”探讨人与动物之间“主动与被动的权力关系”（王弋璇：31）。欧茨发表于1987年的短篇小说《白猫》（*The White Cat*）就以男主人公缪尔（Muir）出于怨恨，三次试图杀死白猫米兰达（Miranda）为故事主线。小说中的暴力现象显示出欧茨对人与动物关系的关注，但故事内涵绝非仅限于此，因为缪尔与米兰达之间、缪尔与妻子艾丽莎（Alissa）之间似乎形成一种共振关系。在叙事中，米兰达的眼睛被反复提及，耐人寻味。米兰达的眼睛曾一度让缪尔着迷，继而使他困惑，最后又令他恐惧。那么，欧茨反复提及米兰达的眼睛，用意何在？米兰达的眼睛对于映射小说的暴力权力关系有什么样的功用，呈现出什么样的复杂关系，又传达了欧茨什么样的价值取向？

以上述问题为切入点，本节运用“凝视”及其相关观点，基于缪尔、艾丽莎和米兰达三者之间的关系，探讨故事中的暴力和权力运作模式。本节认为，艾丽莎和米兰达的地位和命运相似，都是暴力的受害者，分别受制于缪尔的“男性凝视”和“人类凝视”，作为凝视客体的艾丽莎和米兰达形成反抗联盟，通过“动物凝视”和“生成动物”“生成女性”等手段进行有力反击，最终颠覆了缪尔的主体地位。三者之间关系和命运的变化反映了欧茨的两性平等观和动物观。

5.2.1 凝视暴力下的女性与猫：艾丽莎和米兰达的天然共同体

"凝视"概念由福柯首先提出，是"一种与眼睛和视觉有关的权力形式"(朱晓兰：16)。"凝视"基于"主体"对"客体"的控制欲和占有欲，呈现为一种隐性暴力，并可能诱发显性暴力，因为主体为实现或维持对客体的控制，往往采用显性暴力。

长久以来，女性和动物"地位相似，都是客体而非主体"(Adams：180)。《白猫》中的艾丽莎和米兰达有种天然联系，都被塑造为男性欲望和控制的对象，都是暴力的潜在受害者。在体型和外表方面，她们都"娇小玲珑"，米兰达的毛"光滑、柔软"，艾丽莎"长发披肩"(欧茨：57–58)，蕴藏着男人无法抵制的诱惑，这是缪尔对其产生欲望和凝视的基础。在行为方面，她们都无拘无束，出入诡秘，所以缪尔试图通过凝视加以控制和管束。另外，她们都对缪尔不够尊敬，喜欢在外人面前展现自己的风姿，触碰了缪尔的心理底线，这是他对米兰达实施直接暴力最重要的诱因。

猫与女性间的天然联系又为二者相互慰藉、共同抵抗凝视暴力带来了可能性。猫既可能是女性觉醒的重要推动者，也可能是辅助女性逃离男性凝视的重要支撑，因而反抗男人的女人"借助于她们与猫所共有的桀骜不驯和野性"(Rogers：138)。被枯燥婚姻生活束缚的艾丽莎欣赏米兰达"我行我素"的独立性格，将米兰达作为一种精神寄托，为米兰达的"反复无常"辩护，并不自觉地由一个温顺的家庭女性转变为敢于反抗的女勇士。于是，艾丽莎和米兰达联合起来抵制缪尔的凝视。缪尔和艾丽莎、米兰达之间的凝视和反凝视相互交织、碰撞甚至毁灭。三者之间控制与反控制的关系贯穿小说叙事，构成故事的深层凝视机制。

5.2.2 命名、性别界定与主宰：凝视机制中的规训和惩罚

在《白猫》中，缪尔具有极强的"主人"意识和"主宰"观念，认为自己是妻子和米兰达存在的唯一理由和意义，她们必须对他毕恭毕敬，对她们进行凝视也成为他生活的一种常态。缪尔对米兰达的凝视可视作人类凝

视，其主要通过掌握命名、性别界定和主宰权实施人类权力，而对米兰达的人类凝视掩盖的是更为深层的男性凝视。

“命名”是缪尔试图控制米兰达和艾丽莎的重要策略。人类通过观察动物，为动物命名，“为自己争得了主体的地位”，而动物因无法用语言表达自己，“既无法观察人类，也无法为人类命名”（德里达：88–91）。缪尔将白猫命名为米兰达这一细节具有深意。其一，命名行为本身确立了缪尔的主人地位和白猫的附属地位。其二，“米兰达”这一名称传达了缪尔的价值取向和对妻子所应扮演角色的期待。小说明确提到缪尔最喜欢莎士比亚笔下的米兰达这一人物形象。米兰达是《暴风雨》（*The Tempest*）中主人公普洛斯帕罗（Prospero）的女儿。她集温柔、善良和美丽于一身，但却缺乏独立思想和决断力，对父亲言听计从。因此，除了美丽的外表、温柔的内心，顺从和忠诚是米兰达最重要的特质。人过中年、家境殷实的缪尔特别在意年轻貌美的妻子艾丽莎能否对他顺从和忠诚。很显然，将白猫送给她并将其命名为米兰达就是他心境的最好诠释。他希望妻子以米兰达为榜样，听命于自己，做一个乐于相夫教子的好妻子。因此，缪尔通过命名实现了对白猫的控制，也透露出规训妻子的意图。

性别界定是缪尔实现对艾丽莎和米兰达的控制的另一种策略。在叙事中，不仅猫的名字由缪尔指定，甚至猫的性别都由他界定。当有客人询问米兰达的性别时，缪尔一时语塞，因为他似乎从来没有考虑过，“这个问题像个谜语深深地印在他的脑海里”（欧茨：56）。与其说缪尔从来没有考虑过这个问题，不如说当他把米兰达带到这个家时，他在潜意识中就已经指定了它的性别——女性。这从他本能的问答中可以找到答案：“当然是母的……毕竟它的名字是米兰达”（56）。很显然，缪尔关心的并不是米兰达的生理性别，而是它应当扮演的性别角色。缪尔的意图昭然若揭，他希望妻子能够扮演好自己的性别角色，安于自己的附属地位。

主宰权是男性对女性和动物行使控制权的集中体现。在小说中，缪尔在米兰达面前时常以主人自居，在他看来，“是他决意将这只猫带回家，是他为它付了一大笔钱，那么它就属于他，应当任他处置”(56)。根据常理判断，既然缪尔将米兰达送给了妻子，他就应当不是该“礼物”的拥有者，也便失去了处置该“礼物”的权力。但是缪尔内心坚定地认为自己始终都是米兰达的主人：“说到底(ultimately)猫是属于缪尔先生的。只有他对这只猫握有生死大权”(56)。这里的“说到底”耐人寻味。缪尔将自己界定为米兰达的主人，最重要的原因在于，是他花一大笔钱把米兰达带到家里，供它吃喝，给它住处。反观艾丽莎，缪尔何尝不是花了大气力、大把金钱把她追到手、娶到家，何尝不是花重金买下爱巢让她心满意足，供她开销，让她衣食无忧呢？其中的内在逻辑是：缪尔将米兰达送给了艾丽莎，米兰达属于艾丽莎，而艾丽莎又属于缪尔，因而，“说到底”，米兰达属于缪尔。这里面的逻辑打通了，就不难理解为什么当缪尔确定艾丽莎不爱他时，他要像毁灭米兰达那样毁掉她。

在米兰达和艾丽莎面前，缪尔以主人自居，期待她们的仰视、感恩戴德和绝对服从。缪尔之所以对米兰达心怀怨恨，关键就在于米兰达忽视了他的主人和主宰地位，受到“伤害”的缪尔必然要采取行动。凯瑟琳·罗杰斯(Katharine Rogers)认为猫不仅是自我独立的榜样，而且因其极受女人宠爱，也就影响到女人对男人全心全意的爱，因而家猫“必须被杀死”(Rogers：139)。缪尔的确要杀死米兰达。当米兰达对缪尔表现出“不以为然”“漠视”甚至“反感”时(欧茨：55)，他决定除掉米兰达，并先后尝试用老鼠药、车碾和肢体暴力三种方式置她于死地。同时，他试图通过杀死米兰达，向艾丽莎发出一个强烈信号：你只属于我，你的美、你的爱也只属于我，否则下一个被杀死的对象可能就是你。而当缪尔对米兰达发出“美丽救不了你的命”的死亡威胁时(57)，他何尝不是在剑指艾丽莎呢？最后，当他确信妻子不爱自己，再也没有办法控制妻子时，不惜以同归于尽的方式实现对妻子的惩罚。

由上述分析可知，缪尔是凝视的发出者，他对米兰达的凝视和控制经历了由隐性暴力到显性暴力的转变，他对妻子的凝视则以更为隐蔽的方式，即通过控制和压制米兰达而实现，但由于自己主体地位存在完全被颠覆的危险，最终缪尔也对妻子采取了直接暴力的方式。

5.2.3 动物凝视与生成动物 / 女性：凝视机制中的反抗和颠覆

凝视涉及看与被看的辩证关系，二者构建了相对的主体与客体。在父权社会中，男性与女性、人类与动物之间的凝视关系相对稳定，而在后工业社会中，这种关系则处于动态变化之中，因为被凝视的一方会以各种形式投射出反凝视的目光。在凝视和反凝视的对抗中，主客体双方的地位会互换。同样，一旦凝视的发出者收回目光，主客体之间的权力关系也随之消失。

对男性凝视、人类凝视最直接的反抗手段就是反凝视，通过不断地"看""注视"，可以重建"视觉秩序"(龚璇：103)。在《白猫》中，面对缪尔的步步紧逼和残酷暴力，米兰达被迫直视"主人"。缪尔首先感受到的是显性的、来自米兰达眼睛的压力。在缪尔看来，米兰达的眼睛很不正常："人的眼球是白的，虹膜则是彩色的；而猫的眼球是有颜色的，或绿，或灰，或蓝——整个眼球都是彩色的！虹膜则神奇地随光线的强弱或激动的程度变化，可以缩得跟刀片一样薄，或者扩大到几乎遮黑整个眼睛"(欧茨：58)。米兰达的眼睛变化让缪尔捉摸不透，更让他胆颤的是，米兰达"金茶色的眼睛能够神秘地闪耀出似乎随心所欲的光芒"(58)。缪尔感到不安的根本原因是他无法将米兰达规训于他的凝视之下。不仅如此，米兰达似乎将这种自主的力量传递给了艾丽莎，使她同样变得不可捉摸，越来越不甘于婚姻生活的束缚。

人类"凝视"动物，本质上在于完全无视动物习性，以人类标准要求动物，以人类意志控制动物。米兰达对缪尔的凝视是强力挑战人类的"动物凝视"。动物凝视"是一个积极肯定自我主体性的生命发出的凝视，同任何人类优越于动物的立场格格不入"(Woodward，2008a：1)。《白猫》中的米兰达之所以我行我素，全然无视缪尔的"主人"地位，原因在于它有一双穿透力极强的眼睛，能够充分暴露缪尔内心的丑恶，并将其暴力化于无形。当缪尔对米兰达颐指气使时，后者“漠然视之，眼睛连眨都不眨”的表现让缪尔极为恼火(欧茨：55)；当他用鼠药下毒时，“睁圆了眼睛，目光呆滞”的米兰达让他感到恐慌(57)；吃完毒药却安然无恙的米兰达“眼里闪烁的金茶色的幽光”让他感到不寒而栗(61)；被汽车碾压时，米兰达那“恐惧，或者认出他”的眼神又让他“浑身麻木”(63)。对缪尔而言，米兰达的眼睛深不可测，看穿了他的内心，令他不知所措，挑战了他作为理性代言人的角色以及他作为注视者的权威和主体地位。米兰达的眼睛释放的不仅是光芒，更是权力，集聚着颠覆人类中心主义思想的力量。正是在动物凝视下，缪尔逐渐丧失自我优越感和主体地位，并最终走向了自我毁灭。

和米兰达不同，艾丽莎并未直接通过显性的“逆视”回击缪尔的控制，而是以“生成”(becoming)遁逃的柔性方式作为反抗策略。“生成”是“弱势者逃逸和抵抗的方式”(郜蓓：III)，是对特定主体或权威的解域(deterritorialization)。艾丽莎通过“生成动物”和“生成女人”为自己设计了逃逸路线。逃逸，不是无能或者逃避，而是“对权力的抵抗，对自由的寻找”(128)。正是在“生成动物”和“生成女人”的过程中，艾丽莎彻底颠覆了男性凝视。

“生成动物”是艾丽莎实现解域、抵抗丈夫控制的重要手段。“生成动物”是指个体把自己想象成动物，想象它会怎样看待世界，怎样感知，怎样行动等，从而从传统的“克分子”状态中脱离出来(尹晶：99)。猫行为独立，对于女性而言，代表着一种不受传统性别分工与角色期待束缚的自由生活方式。虽然米兰达是丈夫的礼物，但艾丽莎从来没有把它当作物品对待，而是给予它充分的自由和尊重，且站在米兰达的处境上思考问题。当缪尔因米兰达的“冷漠”备感郁闷时，艾丽莎以“你知道猫是怎样的”作回应(欧茨：55)；当缪尔对米兰达的不配合极为恼怒时，艾丽莎直截了当地说“人不能强迫猫做它不愿做的事”(62)。艾丽莎从平等的角度考虑人和猫之间的关系，甚至想象它会怎样理解、看待这个世界。这是对缪尔强势的人类中心主义思想和主人心态的一种反抗。艾丽莎维护米兰达的立场富有深意：丈夫也不能逼迫她做任何她不喜欢的事，也不能阻止任何她喜欢做的事。艾丽莎“生成猫”的过程使她实现了身心自由。

另外，“生成女人”是艾丽莎设计逃逸路线、挑战男性凝视的另一手段。“生成女人”中的“女人”不是与男人对立的“克分子”实体(尹晶：96)。克分子女人具有特定的女人形体、器官和功能，在社会生活和家庭生活中服从男人统治，是男性凝视下的女人。克分子女人界定了女人的穿衣打扮、说话做事、行为举止，等等。艾丽莎经历了由克分子女人向“生成女人”的转变，突破了自己的“克分子”女人身份，对男性凝视构成了强有力的挑战。艾丽莎“生成女人”的过程也就是颠覆传统女性形象的过程。一旦夫妻关系缔结，传统理想女性应当将丈夫奉为生命的唯一和全部，努力适应相夫教子的角色。这正是缪尔梦想和期待的。但具有讽刺意味的是，艾丽莎眼里有米兰达，有朋友，有事业，唯独没有丈夫。艾丽莎在米兰达身上找到了自由，大胆冲破传统家庭对女性的拘囿，决定不要孩子，勇敢追求事业。即将步入中年、生活安稳的艾丽莎突然决定重启演艺事业，这似乎令人费解，毕竟她年轻貌美时都未曾在百老汇闯出一片天地。不过，她依然孜孜不倦地追求演艺事业，甚至为争取演出机会撇开丈夫长时间居住在外。与其说艾丽莎追求“事业”，不如说她借事业和自己的缺场来反抗男性凝视话语。艾丽莎“生成女人”的过程使她实现了身体和行动的自由。

米兰达的动物凝视撼动了缪尔一直以来高高在上的主人地位，艾丽莎的生成动物和生成女性过程则使她成功突破缪尔的严密监视，扭转了他们之间不平等的主客体关系。正是在艾丽莎和米兰达的联合反击下，缪尔的心理防线彻底崩溃，以至于采用极端手段维护他的主体地位和最后尊严。他试图同艾丽莎、米兰达同归于尽，结果导致自己全身瘫痪。

欧茨设计的小说结尾耐人寻味：“许多东西的名字他都忘记了，但他并不感到悲伤。的确，不知道东西的名称就减轻了把那些像鬼一样永远得不到的东西搞到手的欲望，而他双目失明对此有很大的好处”(欧茨：70)。“命名”曾是缪尔进行凝视的重要手段，但现在的他终身残疾，语言丧失，双目失明，记忆迟钝，他不仅不能再命名，更不能再凝视了。如果一个人失去了语言能力，也就“失去了命名的能力，包括为自己命名和给别人命名的能力，甚至于失去了回应自己名字的能力”(德里达：91)。丧失语言能力的缪尔彻底丧失了凝视的主体地位。对此，缪尔似乎并未感到遗憾，而是醒悟、解脱和庆幸。也是直到此时，他才醍醐灌顶般地认识到自己的贪婪、霸道。没有了凝视，也便没有了欲望，现在他终于解脱了。

德里达因猫的注视而焦虑不安，继而反思了人与动物之间的关系，探索了人与动物的新型伦理。缪尔因猫的注视而产生的不安潜隐的则是欧茨对男性、女性和动物三者平等关系的深刻认识。缪尔为他的凝视和暴力付出了沉重代价，只能在轮椅和黑暗中度过余生。所幸妻子对他不离不弃，米兰达也终于乐意靠近他了。小说叙事呈现出的对男性主导地位的颠覆和对女性以及动物独立地位的肯定，反映了欧茨以平等为核心的两性观和动物观。

西方哲人往往求助于《创世记》为男性对女性和动物的压迫辩解：“应当把女性和动物排斥在‘人’的范畴之外，因为人的堕落终归就是由于一个女性和一个动物”(Adams：180)。如果说亚当的堕落的确是由于一个女性和一个动物，缪尔的堕落甚至丧心病狂似乎也是因为一个女人和一个动物。但反过来看，又何尝不是这个女人和这个动物让他获得了最终的救赎呢？

5.3 《吾友朱迪斯》中的身份、权力与双面人生

《吾友朱迪斯》(*Our Friend Judith*)是诺贝尔文学奖获得者多丽

丝·莱辛（Doris Lessing）的重要短篇之一，故事展示了居住在伦敦的单身女朱迪斯（Judith）的生活日常，主要分为三部分。第一部分聚焦朱迪斯两三事，第二部分是朱迪斯和亚当斯（Adams）教授的婚外情，最后一部分为朱迪斯为躲避亚当斯远走意大利佛罗伦萨的经历。在故事中，朱迪斯与周围社会显得格格不人，成为他人眼中典型的“英国老处女”(姜礼福，2022：63)，这也是她最核心的身份。

故事叙事朴实无华，只是描写了朱迪斯的一些经历。叙事中，朱迪斯呈现出一副高冷的、拒人于千里之外的姿态，似乎是女性独立、自由的典型代表，但朱迪斯似乎又有很多怪异之处。要对这些怪异的现象进行充分阐释，必须将人物关系置于权力关系之下。

《吾友朱迪斯》中朱迪斯的生活方式似乎处处透露出独立女性的格调。她出生于伦敦的名门望族，整个家族在英国的科学圈、艺术圈具有举足轻重的影响（66）；她本人具有强大的教育背景。牛津大学在读期间，她修读诗歌和生物，并且以优异成绩毕业，之后成为了一名诗人。但是，朱迪斯的行为举止和生活方式似乎充满了“矛盾”，令人疑惑。她每隔三四年出版一本诗集，时常开展诗歌讲座，再加上继承的财产，收入可观、衣食无忧，但她却租住在伦敦西街一座简陋、寒碜的房子中，在某种程度上处于离群索居的状态，并且在租住的房子里一住就是20年。她拥有“完美身材”(64)，平常却穿着朴素、为人低调，喜暗色调宽松衣服，从不展示自己傲娇的身材，而在意大利佛罗伦萨又行为异常，穿着大胆、奔放。她喜欢猫，养的公猫因发情吵到邻居，被要求搬出房子或把猫处理掉时，她满世界找乐意领养这只猫的人，最终宁愿杀死它也不乐意阉割它。她极度喜欢小孩，却又因为一只下崽的猫，狠狠地教训了调皮的米歇尔（Michele）。更令人疑惑的是，朱迪斯最憎恨被别人讨论，时常却又“语不惊人死不休”，她40岁了，却依然单身，被问及婚姻时，她却说“自己或许就是给别人做情人的命”（68）。令人不解的是，在两性关系上，她比较随意，和已婚男人约会、过夜，却坚持不需要男人负责，不在乎婚姻伦理道德。从另一方面说，她具有良好的背景、独立的经济能力、可观的收入，无不良嗜好，有自己的爱好，在情感上不依附男人。已有研究主流观点认为，朱迪斯是独立新女性的代表，但她的坚强与独立的表面似乎只是假象，掩盖着她不为他人所知的秘密。她一些“怪异”言行必然事出有因。

经过对小说诸多细节的深入思考可知，朱迪斯实则处于无所不在的权力网之中，她大部分时间呈现出的样貌并非真实的自己。相信大多数读者在阅读故事的过程中，都会对朱迪斯形成这样的印象：她作风大胆，特立独行，甚至有种不食人间烟火的感觉。事实上，这只是一种假象。要揭开朱迪斯的神秘面纱，必须从故事最后一部分她对小猫的态度中寻找钥匙。朱迪斯生活得貌似洒脱，但她的人生或许充满了苦楚。在某种程度上，她的人生是悲剧性的，朱迪斯的悲剧人生恰恰在于她的“老处女”身份。

朱迪斯因和已婚、有妻儿的亚当斯教授频繁私会，后者正式提出要离婚为她负责。朱迪斯对此表示不屑，并逃离伦敦，前往意大利佛罗伦萨散心。她租住在意大利一对姐弟家里，和家中作为理发师的弟弟碰撞出情感的火花。她喜欢这个地方，一个重要原因是到处都有流浪猫。她喜欢独立，喜欢猫不黏人的习性。但反常的是，她却收留了一只流浪猫。这只猫“像小狗一样”黏着她，甚至跑到她床上。这只猫的特别之处，在于它虽然是一只小猫，却已怀孕。朱迪斯多次声称这只小猫“太小了，不适合怀孕”(71)，她觉得一定等这只小猫下崽后再离开；后来她因为到大海日常性游泳而未能及时保护小猫，到岸上后，发现小猫因小孩米歇尔的滋扰而产下死胎，她出离愤怒并狠狠地教训了他。小猫接连又产下两只幼崽，而生产过程中，因幼崽在母体中体位不正，都是后面两只爪子而非头部先露出来而出现难产，朱迪斯不得不充当助产士的角色，抓住卡住的幼崽后爪将其从母体拉出。两只幼崽出生后，在吸奶过程中，母猫却行为反常，一口咬死了大的幼崽，而小幼崽又被理发师摔死扔进垃圾堆。过程中，朱迪斯并未阻拦，但又因“虐猫事件”陷入巨大的自责中，情绪崩溃，显得异常脆弱，哭着离开了佛罗伦萨，也同曾一度想着开始一段感情的理发师断了联系。朱迪斯的“哭”极为罕见，对小猫的“在乎”和“自责”也非同寻常。她不是那种会在乎他人的人，她不在意别人对她的看法，也不关心别人，更不用提对一只猫。那她究竟为什么如此在乎这只产崽的小猫呢？这可以说是本故事最大的谜底。

要揭开这个谜底，需要在叙事中前后反复阅读、比对，并寻找相关蛛丝马迹。朱迪斯究竟是怎样的人？从朱迪斯和亚当斯教授的关系可知，她并不在乎伦理道德或他人对她的看法，从朱迪斯对同辈诗人的不屑态度，可知她不屑与他人为伍的性格。她真正在乎的是自己的感受。这一点在多个事件中得以证实。其一，朱迪斯杀猫事件可呈现出她的自我中心主义思想。当房东让她处理掉她养的发情的猫时，她到处找人领养那只猫，前提条件是，不准阉割这只猫，在没有找到收养人的情况下，她最终选择杀死这只猫。她处理这只猫的方式，引发了“我”和贝蒂（Betty）的好奇讨论。正如他们所说，或许猫自己并不想死。也可知，朱迪斯并非真正喜欢这只猫，她真正在乎的是自己。这只猫是一面镜子，她对猫的态度照射出的是她真实的内心：生理的需求至上，不容剥夺，甚至比生命更重要。其二，她同亚当斯教授的关系也可体现出她的自我。贝蒂因丈夫出差，无法忍受寂寞，到朱迪斯家中寻求陪伴，目睹亚当斯教授和朱迪斯的非伦理关系。她在教授面前“特别不朱迪斯”，一反高冷姿态，特别温柔贤惠，晚上同他共度良宵，但第二天清晨从未见过教授踪迹。贝蒂后来得知，朱迪斯原来是不希望第二天早上还看到有人和她同床共枕。因此，她和亚当斯在一起并非因为爱情，更因为需求，这个男人在某种程度上，就是她满足生理需求的一个工具，她在乎的是个人的感受，她真正在乎的是她自己。

她对小猫的态度十分反常。她如此自责唯一说明的问题是她极为在乎那只小猫。而她在乎的重要原因在于那是一只脆弱的、神经质的小猫，那是一只她觉得还太小、不适合生育的小猫；当然，这些事实不足以让朱迪斯在乎这只小猫。经上面分析可知，朱迪斯是典型的个人中心主义者，她只在乎自己；因此，她如此在乎这只小猫，原因只可能是，她从小猫身上看到了自己。她对这只小猫产生了一种强烈的“共情”，或者说这只猫成为反映真实朱迪斯的一面镜子。

故事中，朱迪斯曾多次提及，这只猫“太小了，还不适合生育”(71)，不难看出，这样的言语是作家精心设计过的；这句话影射出朱迪斯也曾在年轻的时候有过类似的经历。这并非是我们的臆想，也可以从叙事中找到相关暗示。朱迪斯40岁了，依然还是单身，被认为是“老处女”，但这并不意味着朱迪斯之前没有情感经历。叙事中，作家对朱迪斯的过往情感一笔带过，但却是理解朱迪斯性格的重要突破点。故事提到，从朱迪斯书架的赠书来看，她生命中曾出现过两个重要的男人，有过两段难忘的情感经历。第一段是朱迪斯15岁到25岁时，她经历过一位上了年纪的文人绅士的“陪伴”(accompany)；第二段是她25岁到35岁时，成为另外一位男士的“灵感”(inspiration)(67)。无疑，第一个男人在朱迪斯生命中扮演了重要角色。可以想象，15岁情窦初开的少女不可救药地爱上了这位年长的有才的文人；两人相伴10年，对朱迪斯而言是一段刻骨铭心的爱情。需注意的是，作家精心选用了“陪伴”一词，并非“伴侣”，这意味着朱迪斯爱的这位绅士最终并没有与她成家，且很可能已有家室。这在朱迪斯的言语中间接地得到验证。当她被问及为什么不结婚时，她竟然说“我就是给人做情人的命”(68)。这种言辞令人震惊，也反映出她不堪回首的过往。当她15岁遇到那位绅士时，义无反顾地爱上了他，但很显然，他们的关系并没有得到朱迪斯父母的支持。朱迪斯出身名门望族，这个家族在科学界和文艺界涌现出许多大家，应该很难认可这种感情。从叙事上看，朱迪斯和父母的关系并不和谐。可以想象，当朱迪斯和那位男士的关系被发现后，一直未能得到家人的认同，但朱迪斯并没有放弃自己的情感。在两人10年的关系中，有一个重要时间节点，就是朱迪斯20岁左右时。从叙述可知，朱迪斯居住在伦敦西街的破旧房子有20年了，也就是说，她是在约20岁时住进来的。那她为什么搬离父母居所呢？我们不妨做一个大胆推测，她在19岁左右发现自己怀孕了，但很显然这个爱情的“结晶”并没有得到亲人朋友的祝福，反而招致了大量的批评。她与父母之间的关系也陷入冰点。这是朱迪斯最脆弱、最无助的时刻，她多么希望此时自己的爱人、家人和朋友可以给她安慰和保护。但事实并不如愿，这从她对小猫产崽过程中的言语中可以得到印证。当小猫难产躲到卡车下，发出一声凄厉的叫声，很快就冒出来很多猫。但朱迪斯对这些猫不以为然，认为这些猫不是跑来救助的，而只是“围观群众”，事实也证明如此。这反映出在朱迪斯怀孕后陷入困境时，她不但没有得到帮助，反而受到前所未有的非议，甚至讥笑。朱迪斯感受到难以承受的压力，这是她搬往伦敦西街的重要原因。可以想象年轻的她是多么绝望，承受了多大的压力。这段经历显然给朱迪斯留下了深深的心理阴影，造成难以抚平的心理创伤。因此，不难理解，当她觉得“我”和贝蒂在讨论她时的激烈反应：“我真搞不懂你们，你们为什么要讨论别人？”(74)

朱迪斯深刻感受到英国保守文化与思想的巨大威力，在这种权力场中，她深受其害。这就不难理解，为什么朱迪斯拒绝了贝蒂的名牌裙子，更乐意穿着朴素、宽松的衣服，把自己“完美的身材”包裹得严严实实，因为她曾受到太多的关注、承受了太多凝视的压力，很显然，第一个男人没能很好地保护她。尽管朱迪斯承受了重重压力，她和第一位绅士的情感最终还是无疾而终。她曾经爱得那么义无反顾、死心塌地、忘乎所以，但当她最需要男人支持、负责的时候，她并没有得到很好的呵护。她从个人痛苦的经历和经验得出结论，只有自己才是最重要的，不必那么在意他人的感受，男人无法依靠，女人最重要的是独立；这便不难理解，她为什么如此以个人为中心，为什么当亚当斯要为她负责时，她唯恐避之不及。朱迪斯心理阴影、情感创伤形成的过程，也是她“心理权力”丧失的过程。心理权力的丧失本质上，是传统上或之前自我坚信的观点或信仰体系的坍塌。具体到朱迪斯身上，便是她一直坚持和信奉的“真爱无敌”

信仰的崩溃。

朱迪斯情感创伤和心理权力的丧失同英国保守的社会和文化氛围密切相关。小说发表于1960年，女性主义尚未真正崛起，在两性关系话题上，英国仍是非常保守的姿态。朱迪斯对此有深刻领会。当她到意大利后，穿着大胆，像是“过去一直出入于红灯区一样”(69)。所以，朱迪斯并非天生的“老处女”，而是后天生成的。进一步分析，不难发现，朱迪斯一直被笼罩在社会保守权力之下，这种权力也在深层次上造成了她难以弥合的伤痛。

对朱迪斯第一段刻骨铭心孽缘的分析，可以更好地帮助理解她的人生轨迹。经过了第一个十年的真爱期和虐爱期，她从25岁进入到新的人生阶段。作家在描述她和第二个男人的情感时，用的是“灵感”，耐人寻味，或者说，是朱迪斯激发着这个男人的情感。很显然，同前面一段情感不同的是，在两人关系中，朱迪斯处于被动地位，这十年也可视作朱迪斯情感创伤的疗愈期。尽管她似乎是和这个男人在一起，但她并没有真正接受或爱这个男人，或者说这个主动的男人只是她用来疗愈自己的工具，这十年也是她心如止水的十年。经过了这十年的苦苦挣扎后，她终于逐渐走出阴影，形成了新的“心理权力”，形成新的自我。这是一个外在高冷、内心坚硬，脆弱伤口被层层包裹的朱迪斯；这是一个由真爱无敌到自我至上转变的朱迪斯，是一个“任性无敌”的朱迪斯。35岁的朱迪斯终于放下过去，开始“放飞自我”，她逐渐开始认识“我”和贝蒂，并“肆无忌惮”地与已婚的亚当斯幽会。朱迪斯开始只关注自己的身体需要，并不在乎是否合乎社会的准则或道德伦理。如果有人说这可算作女性意识觉醒的话，只能说朱迪斯的转变是基于痛苦的个人经历基础之上的，这并非良性的性别关系，也非真正意义的觉醒。而当她在意大利遇到理发师后，她的人生又出现了新的可能，她开始认真考虑和这个男人结合的可能性。也就是说，在第一段刻骨铭心的情感之后，她似乎又看到了真爱的可能性。当她认真地询问贝蒂的意见时，表明她正在进行开启新的情感征程的准备。而这一切都被“虐猫事件”打断。当她看到那只怀孕的小猫，正如看到了当初的自己，当她下决心要保护好它，却最终未能如愿，她的无尽自责映射的是对当初无力、绝望的自己的怜悯，她依然无法忘却过去，也便无法开启新的旅程。朱迪斯直言，“这一切就是一个错误，从一开始就是一个错误”(76)，反映的是朱迪斯悔不当初的懊恼。当贝蒂建议她再度个假时，朱迪斯作出了激烈反应，反问道：“你说得轻巧，你觉得眼睛一睁一闭，一切就都过去了，你以为时间可以疗愈一切吗？！”(76)这也再次印证了，叙事中的种种话语都指向朱迪斯的情感过往。可以想象，随着朱迪斯的不辞而别，她和理发师的情感亦将终止。尚未开始的新的情感再次中断，她再次陷入无尽痛苦之中。而痛苦的根源，一是无处不在的社会规约、社会权力给朱迪斯造成的影响和压力，另一方面在于她心理权力重建的失败。

因此，可以说，朱迪斯外在的“彪悍人生”是社会权力运作影响的结果，她的高冷和独立并不值得称颂，她也不是所谓的女性主义者，她刚强的外表之下隐藏的是不堪一击的脆弱内心，她不慎的人生选择，种下的是一生的苦果，尽管她努力尝试走出思想困境，但终将无法逃离英国社会和个人心理的权力之网。

无论是欧茨的《白猫》还是莱辛的《吾友朱迪斯》，都呈现出两性之间的权力关系。其中，《白猫》中夫妻之间的权力关系较为明显，而《吾友朱迪斯》中的权力机制则较为隐蔽。如果说《吾友朱迪斯》反映了20世纪60年代女性主义运动的兴起和发展阶段，女性刚毅的表现下还蕴藏着一个脆弱的自己，《白猫》则反映了20世纪 80年代女性的独立与果敢。同样是受到了情感的伤害，朱迪斯情感的伤疤被轻易撕开。尽管她出身名门，收入不低，但远没有看起来那样独立，且无法掌握情感的主动权；经历过一次失败婚姻的艾丽莎在第二段婚姻中说不上幸福美满，却能掌握情感、家庭的主动权。这在某种程度上，反映了一个事实：随着女性主义运动和女性自由的发展，失衡的两性权力关系逐渐得到矫正，体现了两性权力关系的流动性。

第六章 人类世与地球权力

6.1 人类世时代新的权力话语体系的建构

21世纪以来，全球灾难不断发生，不管是频发的飓风还是动辄百年一遇的极端气候事件，不管是影响全球生态的日本福岛核污水排放，还是席卷全球的埃博拉病毒或新冠病毒，似乎都在反复证明，人类面对的威胁不容忽视。在地球上，人类自诩为“万物之灵长”，尤其是进入工业文明以来，人类骄傲自大情绪不断膨胀，在科学技术的辅助下，人类肆无忌惮地征服自然、掠夺资源、制造垃圾。

2000年，荷兰大气化学家、诺贝尔化学奖得主保罗·克鲁岑（Paul Crutzen）提出“人类世”（Anthropocene）概念，认为工业文明以来，人类活动已在地球上留下永久印迹，改变了整个地球的历史；在地质概念上，“全新世”已结束，进入了人类作为主导地质力量的“人类世”这一新的历史阶段，其中全球气候变化、毒物泛滥和物种灭绝速度大幅提升是其三大特征，而气候变化是其核心表征。人类世确认了人类活动对整个地球系统的决定性影响，同时表明人类已陷入空前的生存困境，毕竟人类影响和破坏的是自身赖以生存的地球。

在人类世时代，人类必须重新思考“权力”问题。权力的本质在于影响力，在人类和地球之间的关系中，存在人类权力和地球权力两种权力。

二者是一个硬币的两面，人类对自然环境施加的影响可称为人类权力；相应地，地球系统对人类的反作用影响力称为地球权力或新物质权力。

当人类与地球和谐相处时，权力是隐性的，而平衡一旦被打破，权力之“力”便暴露无遗。工业文明推进的是人类和地球的一场战争或权力主动权之争。人类似乎占据了上风，但当地球“觉醒”时，人类在强大的地球权力面前不堪一击。马克思在《德意志意识形态》(*The German Ideology*)中宣称:“自然界起初是作为一种完全异己的、有无限威力的和不可制服的力量与人们对立的，人们同它的关系完全像动物同它的关系一样，人们就像牲畜一样服从它的权力”(马克思、恩格斯，2009a：534)。在马克思看来，人类必然会受制于自然界权力的支配。

在人类世语境下，传统上不具备生命的二氧化碳等温室气体对整个人类生存和生活产生深远影响，成为一种施动力，地球权力变成一种破坏力。

地球权力和地球政治密切相关。人类世概念启发了众多政治地理学家开始理解和重构一种新的“地缘政治”(geopolitics)，而在新的语境下称其为“地球政治”似乎更为准确。由此，强调作为一个整体以及地球万物施动力的“地球权力”概念呼之欲出，本书亦称之为“人类世权力”(Anthropocene power)。对于传统的“地缘政治”而言，geo-(大地)不过是人类的活动背景，全球范围内的国际政治、区域竞争和国家权力等是研究的重点，大地、自然物的施动力并不在国际关系考量的视野。但是，在人类世时代，温室气体、海洋、陆地等自然界的物质元素开始发挥强大的施动力，影响着人们的生活，形塑着人类政治。政治地理学家奈杰尔·克拉克(Nigel Clark)倡议将地球看作一个政治上的能动者，以更新传统的地缘政治(Nigel Clark：48)。地球因此成为权力的主体。

地球政治的核心观点在于，大自然和人类之间相互渗透，二者处于一种“纠缠”状态，分布于整个地球空间中，任何一方要成为中心都变得不可能，人类所处的是无数异质的杂合体所构成的世界。在这个世界里，人类与地球失去了保持距离的场域，自然与社会相互纠缠在一起，难以清晰地界定彼此的界限。人类与自然都已经处于破碎分化的状态。地球政治主要有三方面内涵：第一，事关对空间和领土的影响和权力；第二，将地理层域作为把握世界事物的重要载体；第三，具有未来倾向，可洞察和预见国家的可能性行为，因为国家的利益是永恒的，包括自然资源安全、领土安全等（Dalby：4）。更重要的是，地球政治反对一切人类中心思维，必须立足全球视角，将温室气体、沙尘等重要参与者或行动者考虑在内，重新思考涉及国家与国家、国家与地区等国际关系的建构、发展与演变，同时重新审视社会政治权力。

在人类世时代，必须要建构新的地球政治，必须重新为地球赋权，正视地球系统对人类的影响力，接受地球权力；必须看到，人类在对自然、地球系统施展影响的同时，亦受到强烈的反作用力，在破坏环境的同时，也成为人类世暴力的受害者。地球权力或称之为人类世权力话语的建构必须深刻把握气候变化这一人类世时代的本质特征。

6.2 气候暴力：人类世权力建构之基础[1]

气候变化不仅是环境危机，也是“文化危机和再现危机”（Kerridge：4），还是人类传统权力思维的危机。该部分将主要借助气候变化小说这一文化呈现形式探讨人类世权力或地球权力的重新建构，探索应对作为文化和权力危机的气候变化的途径。21世纪初，伴随着文化学者比尔·麦吉本（Bill McKibben）和罗伯特·麦克法伦（Robert Macfarlane）“气候变化文学究竟在哪”的质疑声（转引自Burnett：6），气候变化小说创作“已然形成一种浩浩荡荡的‘文学运动’”（姜礼福，2017：134）。2007年，

1　该节部分内容曾以论文形式发表，参见姜礼福：《气候变化小说的前世今生——兼谈人类世气候批评》，载《鄱阳湖学刊》2020年第4期。

丹·布鲁姆（Dan Bloom）发明“气候小说”（cli-fi）一词，再次助推了这一发展势头。2013年，美国全国公共广播电台等主流媒体相继讨论气候小说“文化现象”和流行趋势(转引自Schneider-Mayerson：949)。气候小说已成为一种独立的文学体裁，权力批评话语的探索也相应提上日程。气候变化本质上是地球系统对人类的一种暴力，气候小说往往能较为深刻地刻画气候变化的力量，是地球权力建构的重要载体。

6.2.1 气候暴力：地球权力建构的着力点

从本质内涵上看，权力是一种影响力，而暴力则是权力实施的极端形式。在人类世时代，地球开启了“气候变化全球叫醒服务”(克莱恩：72)，整个地球笼罩在不可见的“暴力”阴影中；二氧化碳等温室气体不再是被动的客体，而是暴力的实施者和侵害者，给全球生物带来灾难性，甚至是毁灭性影响。美国作家、历史学家丽贝卡·索尔尼特（Rebecca Solnit）提出，“要谈论暴力与气候变化，首先应谈谈作为暴力的气候变化”，在她看来，气候变化“本身即为暴力，是一种全球规模的暴力”（Solnit, 2014)。为突出气候变化的施动力（agency)，该节采用“气候暴力”（climate violence）一词，特指人类世时代人类活动引发的气候变化对地球生物的生存和发展造成的影响、制约和伤害。一般而言，暴力指“在特定时空的事件或行为，发生之时即刻产生可感知的、强大的冲击力和震撼力”（Nixon：2)。而气候暴力是一种“非典型暴力”，属于罗伯·尼克森（Rob Nixon）所界定的“慢暴力”（slow violence)。这里的“慢”在于此类暴力“在产生过程上，是渐进的、不可见的，在后果显现上，具有时间和空间延迟的特点”（Nixon：2)。除了上述两个特征外，“慢”还指消除暴力的过程比较漫长。气候暴力之“慢”在某种程度上可归因于气候变化的“超级物”特征（Morton：1)，气候变化相对于人类的感知能力而言，在时间和空间上都具有不可感知性，因此气候暴力也是一种“隐性暴力”，这对气候暴力的文学呈现是一种挑战。事实上，所有气候小说都基于对气候暴力的想象。以气候灾难为背景、主题和主要内容的人类世小说均可视作“气候暴力小说”。此类小说涉及如何面对、应对气候暴力，如何在气候暴力中求生，如何减少或消除气候暴力等问题。人类世权力的建构以及人类世气候小说研究需着重考察气候暴力，对其呈现形式、策略、根源以及暴力消除的路径进行探讨，而首要任务是把握气候暴力的两个属性和三个特征。

气候暴力具有自然和社会两大属性。自然属性主要指气候暴力的形式特征，据此可分为“软暴力”（soft violence）和“硬暴力”（hard violence）两种。软暴力是全球变暖对地球环境造成不良影响的整个过程，硬暴力则呈现为旱灾、洪灾、极寒天气等气候灾难事件。软暴力不易察觉，影响却更深远，会对地球产生系统性危害，并催生硬暴力；硬暴力具有突发性，破坏性强，其频发会进一步加剧软暴力。在某种程度上，气候硬暴力也可视作软暴力的并发症状。在气候小说中，作家往往“软硬兼施”，以软暴力为故事发生的大环境，以硬暴力为前景事件。气候暴力的社会属性是指气候暴力会引发连锁性的社会问题，人与人、人与社会、国家与国家之间的关系会因气候难民、社会秩序失范、资源战争、社会正义等问题而变得更加割裂。社会属性也包括气候变化引发的人类心理创伤、精神错乱以及整个人类文化和文明的危机。大部分气候小说都同时涉及气候暴力的自然属性和社会属性，包含气候变化造成的生态影响和社会影响。

除了两大属性，气候暴力还有三个特征，即时间性、空间性和衍生性。第一，气候暴力的时间性表现为持续性、延迟性和穿越性三方面。气候暴力是一个时间概念，与人类世一同启动，终结于“可控人类世”，具有内在的不间断性，这是气候暴力的持续性。延迟性指的是温室气体的排放和气候暴力后果显现具有时间差，据科学研究，这个“时间差为35—40年”（转引自Ghotge：32），这意味着当下地球的气候环境在20世纪80年代便已基本定型，而今天所形塑的气候环境在21世纪60年代才显现。因而，可以说我们同时生活在过去、现在和未来之中，既在体验过去，也在塑造未来，当下的态度和行为决定了未来的生存状态。很多人类世作家将故事设定在“近未来”，事实上这种“未来设定”并非真正的未来，而就是当下。气候暴力时间的穿越性是指气候暴力可能造成文明进程的断裂，使人类倒退到工业文明之前的时代。在人类世时代，传统意义上与人类个体生命无关的世纪或千年产生了实际意义，即如果当下人类不能有效治理气候变化，人类可能因气候暴力而在较短的时间内倒退至千年或万年之前的生存状态，这在一些气候小说中得以呈现。第二，气候暴力的空间特性分为全球性和扩散性两方面。全球性意指气候暴力的势力范围，它涵盖大气对流层中二氧化碳包裹着的整个地球，地球上所有生物都无处可遁。扩散性主要指突发性气候灾难的影响过程，遭受气候暴力的区域从生态脆弱区、敏感区向周边逐渐扩散。随着突发性气候事件的规模和频率不断上升以及“震中”点的不断增加，气候暴力终将覆盖全球。当然，人类世时代的气候暴力还充满了不确定性，这为作家根据主题需要安排故事背景提供了便利。第三，气候暴力的衍生性主要指因其影响上的传递性和断裂性而连锁生发出的新的暴力。在气候灾难中，气候暴力会进一步拉大发达国家和发展中国家的差距，加深国家内部原有的阶级、阶层分化，并衍生出新的矛盾和冲突。气候难民将会危及国家、地区稳定，有限的耕地、水等生存资源将成为国与国、地区与地区、人与人之间争夺的对象，碳减排、气候责任问题也容易引发冲突，整个世界可能变得更为破碎。气候暴力的衍生性实现由气候暴力到社会暴力的转移，使地球政治和性别、种族、阶级、身份、伦理等生命政治问题融为一体。气候暴力和加尔通论述的直接暴力、结构暴力、文化暴力，斯拉沃热·齐泽克（Slavoj Žižek）所界定的主观性暴力、客观性暴力交错纠缠（沈春花：135–137），极大增加了气候问题的复杂性和消除气候暴力的难度，也为气候小说气候问题的呈现和多元主题书写提供了无限可能。气候暴力影响的断裂性主要是指气候变化的非渐进性，气候变化存在“临界点”（tipping point），一旦被僭越，气候变化将变得“不可逆”，气候暴力的威力会急剧上升，并造成恶性循环，对全球生物产生毁灭性影响。

需要指出，气候暴力实质上是一种“反暴力”。气候变化的直接原因在于人类活动排放的温室气体，从根源上离不开以化石燃料为支撑的西方工业文明。西方现代文明崇尚进步与自由，以对整个地球的征服和占有为支撑，现代性“暴力无处不在……不仅对人，对地球，对非人物种，皆以暴力应之”（Jensen：68）。气候变化对地球生物的“暴力行为”，是对人类工业文明、现代性暴力的一种反应、反抗和反制。气候变化随着现代性暴力的出现而产生，并将随着其增强而对抗升级，是一种“以暴制暴”的过程，这意味着现代性暴力和气候暴力将形成一种“暴力循环”，除非人类改变现有的生存方式，否则人类和地球的未来令人担忧。

6.2.2 气候暴力距离：人类世权力三维阐释框架

气候暴力的两大属性和三大特征，决定了气候变化问题本身极为复杂，其文学和文化呈现也并非易事。为进一步揭示气候暴力的复杂性，并为气候暴力叙事提供可行性的阐释路径，本节提出由时空距离、心理距离和权力距离构成的气候暴力距离三维框架。

气候暴力的时空距离维度包括时间距离和空间距离。时间距离一方面需考虑气候暴力的延迟特性，所以要更真实地呈现当下人类活动所造成的气候变化后果，必须将叙事拉远至“未来”，只有走向未来才能理解现在。从这个意义上讲，今天行为的真实结果必须以未来想象的形式加以呈现。因此，将时间场景设置在未来的气候变化小说并非传统意义上的科幻小说，而是推想现实主义。中国科幻作家陈楸帆就认为，科幻在当下是最大的一种现实主义。时间距离的另一层含义指一个地方遭受极端性气候暴力或绵柔型气候暴力所间隔的时长。以当下时间点为参照，在“失控人类世时代”（姜礼福，2020b：127），未来的时间越久远，在某种程度上，灾难性气候事件就越多、越频繁，人类所遭受的灾难就越严重，气候暴力指数相应就越高，反之越低。但需要指出，在以现实再现为旨归的人类世气候小说中，时间的设置不可能无限制地延伸，那样会失去相应的现实参照性。时间距离概念为人类世小说中的“未来叙事”“记忆”研究提供了新的阐释空间。气候暴力的空间距离意指在气候暴力中，不同国家、不同地区因地表地貌、自然资源等因素的差异性，在一定时间内，所遭受气候暴力的概率和程度不同。同样是升高2摄氏度，不同国家、地区所遭受的气候暴力程度并不一样，生态敏感区和脆弱区是气候暴力指数最高的区域。气候暴力空间距离指数低的地区往往具有较丰富的生物多样性，以这些地区为中心，离这些地区距离越远，气候暴力空间距离指数越高，但气候变化的全球性决定了地球所有地方的气候暴力距离被扁平化，甚至向零趋近。气候暴力时间距离和空间距离成反比，时距指数越高，空间距离越小。气候暴力的时空距离是作家在气候小说设计时需要重点考虑的问题，也是气候批评叙事研究的重要内容，作家往往会谨慎进行时空选择，以便最大程度地呈现气候暴力。气候暴力时空距离概念可为考察人类世气候小说的时空叙事和时空观提供借鉴。

气候暴力的心理距离是指在气候灾难情境下，人们对气候暴力的认知与接受程度。一方面，心理距离可以体现为人们对气候暴力的“认知失调”（cognitive dissonance）。在当下“失控人类世时代”，大部分人意识到气候变化问题需要重视，但依然觉得气候暴力事不关己，这说明心理距离大，是典型的认识失调。另一方面，处于生态脆弱区的民众是气候暴力的直接受害者，很可能会沦落为气候难民，他们面对气候暴力的心理距离大、心理接受程度低，在气候灾难事件中容易产生心理创伤。而气候灾难中占据优势地位、享受特权的群体面对气候暴力的心理距离小，气候暴力在某种程度上是他们获益或强化自我中心地位的帮凶。气候暴力的权力距离是指在气候灾难情境下，个体应对气候暴力的可能性。应对气候暴力相应的资源越多、条件越好、能力越强，权力距离就越小，反之越大。气候难民应对气候暴力的权力距离趋向于无限大。不同群体、阶级、阶层的权力距离不一，导致了他们在气候灾难中的不同命运。因此，气候正义问题应当是人类世小说呈现的一个重要层面，但在相关研究中却未受重视，可作为当下气候小说研究的重要方向。

从气候暴力距离的物理、心理和权力三个维度出发，研究者可能更容易阐释气候问题复杂、难以得到有效应对并激发新的矛盾的原因。在人类世时代，各个时空场域的不同阶层、阶级、群体因气候暴力距离不一导致新的不平等和矛盾，这为气候小说研究的性别、后殖民、空间、创伤记忆等新视角提供了可能，可以作为气候变化文学分析和研究的重要切入点。

6.2.3 人类世权力的终极建构

西方人类世气候小说聚焦于气候暴力再现及其后果，这是人类世问题的提出、呈现过程。对于研究者而言，不仅要关注气候问题的叙事和再现策略，还要围绕人类世问题，深入探讨气候暴力的根源与消解路径，以便在作家、研究者、读者的完整链条上充分完成文本的内涵发掘和意义生成。气候小说的流行表明西方已进入“人类世自反期”（Marshall：525），部分西方作家也试图对“气候变化谁之过”的问题进行反思，但往往无法客观地再现气候暴力的根本原因，而是将矛头指向某一个国家，将其塑造成气候变化问题的罪魁祸首。这种具有误导性的气候书写，无益于气候暴力问题的解决，反而形成齐泽克所界定的符号暴力和“语言暴力”（沈春花：138），使气候暴力源头问题更为复杂。正在形成的、开放的人类世马克思主义，为气候暴力的溯源和消解分析提供了重要的理论资源和新的话语建构的可能。

气候暴力的直接原因在于人类排放的二氧化碳远远超出地球系统自身的消化吸收能力，是人类系统和地球系统对峙、断裂的集中体现，根本原因在于以资本增殖为终极追求的资本主义生产和发展方式以及资本主义制度。诸多学者将人类世称作“资本世”（姜礼福，2020b：130），就旨在揭示气候变化的根源。因此，要消除气候暴力必须明确对资本主义批判的立场，充分利用马克思的“代谢断裂”（metabolic rift）概念。该概念揭示了资本主义引发的“社会系统和自然系统的割裂必然导致生态危机”（Weston：17）的事实，准确定位了气候暴力产生的深层原因，是“马克思对资本主义生态批判的关键所在”（Brett Clark *et al.*：654）。

新世纪马克思主义学者基于“代谢断裂”概念，探索人类世马克思主义，为气候暴力问题的溯源和解决路径分析提供了重要借鉴。人类世马克思主义立足人类世新的地球历史语境，运用历史唯物主义的方法重新审视人类和地球的关系，揭示人类世问题的经济制度和社会制度根源，加强对人类世帝国主义的批判。资本主义运作下的生态帝国主义、能源帝国主义和水帝国主义使人类世危机不断恶化，是人类世危机的罪魁祸首，“任何面对人类世危机的现实尝试都必须从对以资本增殖为根本的资本主义的普遍批评开始”（牛田盛：76）。人类世帝国主义不仅使原有的“自然断裂”“社会断裂”进一步加深，而且导致地球岩石圈、水圈、冰冻圈、生物圈的全球性断裂。

在人类世时代，要消除气候暴力，解决社会系统和地球系统的断裂问题，必须在人类世语境下形塑包含岩石圈、水圈、生物圈的地球共同体以及所有生物在内的时空命运共同体，探索全球范围内的生态文明形态，这是人类世马克思主义话语体系的重要内涵，也是人类世小说批评的重要内容。生态马克思主义批评认为“资本主义制度导致的新陈代谢断裂是全球生态危机的根源”（陈茂林、陈韵祎：149），结合人类世新的时空观，可进一步探索对气候小说暴力研究有直接指导意义的人类世马克思主义批评。除了对资本主义制度的批判之外，国内研究者需着重注意以下三个方面。第一，加强对人类作为地球物种的探讨，形成新的物种观，这是建构地球生命共同体和时空命运共同体的核心。人类世意味着人类物种引发的气候暴力后果将由地球上的所有物种来承担，在人类世时代，面对无所不在的气候暴力，人类必须抛弃物种主义的傲慢，意识到气候暴力和社会暴力的同构性，增强对人类整体的认同并在与其他物种平等的基础上形成新的物种意识，承担起我们的“人类世责任”。第二，树立气候正义观，这是建构地球生命共同体和时空命运共同体的基础。根据气候暴力距离的三维框架，气候暴力对不同群体的影响不尽相同，并可能引发新的暴力。气候暴力一方面是公正的，因为所有地球生物都受其影响；但另一方面也是不公正的，因为往往是那些没有或很少排放二氧化碳的群体要面对气候暴力更严重的后果。这一点在气候小说中的再现和研究探讨都有待加强。第三，在人类世生态马克思主义话语体系建构中贡献中国智慧、增添中国色彩。人类世问题是世界问题，也是中国问题。在气候小说研究中，我们一方面需要在批评实践中"保持中国学者的独特视角和立场"(姜礼福，2018：51)，另一方面需要积极参与批评理论的探索。人类世马克思主义是正在生成的、高度开放的话语体系，中国学者也应当积极参与其批评建构，将中国传统生态文化和当代生态文明智慧融入其中。中国古代生态哲学智慧，尤其是"天人合一""阴阳和谐""五行相生相克"等思想，以及当代人类命运共同体理念值得进一步发掘和运用。

气候暴力为人类世气候小说研究提供了一个立足点和切入点。气候暴力研究不仅要考察暴力的呈现，更要关注暴力的根源和消除，气候暴力距离的三维框架和人类世马克思主义思想为深入探讨气候暴力小说的叙事机制和暴力主题提供了切实可行的路径，有利于人们改善对气候暴力问题的认知、推进全球生态文明建设，并为最终摆脱人类世困境提供参考。气候变化问题已非常迫切，地球所能承受的临界点可能已被突破，气候暴力的后果可能已"不可逆转"，生态文明的探索是否还来得及？事实上，问题已不在于此。如格雷格·杰拉德(Greg Garrard)所认为的那样，应对气候变化如果没有只争朝夕，那么只有为时已晚；如果还不亡羊补牢，等来的只能是或必将是气候暴力的灭顶之灾(Garrard，2020)。

6.3 《白鲸》中的人类世暴力

暴力和权力密切相关，暴力往往以权力为基础，既具有破坏性，又具有建构性。人类世的来临源于长期以来尤其是自启蒙思想以来人类物种的傲慢，这种傲慢表现为对自身与地球环境的无知，具体呈现为对自然，尤其是其他生命物种的暴力。

麦尔维尔发表于1851年的《白鲸》是19世纪美国文学的经典之作，整个故事最震撼人心的莫过于亚哈船长（Captain Ahab）掌控着裴廓德号（the Pequod），将莫比·迪克（Moby Dick）赶到穷途末路，最终同归于尽的结局。亚哈船长因被鲸鱼所伤而表现出来的“偏执”（203）和对死亡的无所畏惧，象征着人类在其他物种和大自然面前的极度傲慢和无知的暴力，而自我葬送的命运似乎暗示着人类终将自我毁灭的执念。亚哈船长或许已时刻准备好面对死亡，但这显然不是船员来到裴廓德号的初衷和追求，他们没有意识到的是，当驾驶着象征现代文明的轮船誓死将莫比·迪克赶尽杀绝之时，他们驶向的不仅是个体的，也是整个人类文明的死亡之海。

“人类世”概念意指人类活动的痕迹遍布全球，并将沉积于岩石中，持续存在成千上万，甚至上百万年，人类由一种生物物种蜕变为影响地球的地质性力量。此概念一经提出，在地球科学，尤其是地质学界产生重要影响，并迅速向人文社会科学界蔓延。人类世意味着人类成为地球46亿年历史上“唯一一种可以决定地球未来的物种”和“神一般的存在”（Lewis：3），与此相对应的是地球上其他物种的加速灭绝和地球生态系统崩溃的临界，“动物问题以及非人生命在地球上的生存问题”由此也成为重要的人类世话题（Gabardi：2）。按照克鲁岑的观点，人类世始于詹姆斯·瓦特（James Watt）发明蒸汽机的时代，也即人类的工业文明或资本主义文明时期。人类世揭示了资本主义文明几百年的傲慢与无知，可看作启蒙运动以降的又一次思想启蒙；人类世表明人类不但没有通过征服自然获取自由，反而在实现自由的道路上愈行愈远，陷入生存的困境、消亡的险境而浑然不知。这需要我们重新反思人类与地球、人类与其他物种之间的关系，重新思考我们的文化、思维和叙事。

《白鲸》反映了19世纪中期人与自然之间的关系，尤其人类驾驭和控制海洋最大生物的尝试，属于典型的人类世叙事，言说着人类世故事，勾勒着人类世图景，同时暗藏着人类世终结的密码。本部分基于人类世概念，以《白鲸》为考察对象，探究人类物种和其他物种之间的关系，以及其中蕴含的深层次人类世图景，揭示人类世的本质，寻觅走出人类世困境的路径。当下，地球正面临地球史上的"第六次物种大灭绝"，大灭绝的出现不仅与人类物种的进化优势有关，也离不开人类对自我和其他物种、大自然以及地球之间关系的错误认知。人类世概念揭示了不可一世的人类最大的无知，也就是人类在工业文明中以自我毁灭的方式改变着地球。

6.3.1 "无所不在的暴力"：人类世的本质

人类世的降临同现代工业文明的诞生是同轨的，共同的内核在于具有生存优势的人类物种对其他物种、大自然和整个地球的暴力，在某种程度上，人类世的发展与衍变也就是西方现代性不断发展的过程。在《末日游戏》(*Endgame*)一书中，德里克·詹森(Derrick Jensen)揭示了现代文明的本质，认为暴力是现代文明的本质和内在逻辑。他指出"现代工业文明——自身及其相关的——无不是暴力的。它需要暴力才得以运转，没有暴力，将很快倾塌。文明不仅对人，对地球，对非人类物种，而且对所有路上的障碍物都采取暴力"(Jensen：68)。罗伯·鲍德斯(Rob Boddice)也认为西方文明的历史"不仅是人对人暴力的历史，而且更突出的是人类对动物暴力的历史"(Boddice：82)。毫无疑问，在工业文明语境下，人类肆无忌惮地捕杀动物，导致很多动物物种灭绝，破坏了原有稳定的食物链，造成严重的环境问题和生态危机。如果人类不停止对动物的暴力，不能实现人与动物的和谐共存，动物的命运乃至人类的未来都会受到严重威胁。"要终结暴政，必须先了解暴政"(林红梅：103)，事实上，

“暴力”有其自身的发生机制和运行机制。

挪威政治学家加尔通在《暴力、和平与和平研究》(“Violence, Peace and Peace Research”)一文中对暴力的本质、种类进行了详细深入的探讨，认为“当人类基本的肉体和精神需求因受到(外界因素的强制性)影响而无法充分满足时，暴力就产生了”(Galtung，1969：168)。他不断完善自己的暴力学说，提出了直接暴力、结构暴力和文化暴力概念及其形成的“暴力三角”(参考4.3.1节)。

6.3.2 《白鲸》中的物种关系以及人类世暴力

人类世概念突出了人类物种的核心和非人物种的边缘地位。当下，地球正进入“第六次物种大灭绝”，这是人类世的核心表征之一。物种大灭绝的出现同人类对非人物种的暴力密切相关，不仅涉及直接暴力，而且包括结构暴力和文化暴力，而多种形式的暴力又是和人类世的本质密切相连的。《白鲸》中人与鲸鱼之间的关系是捕杀与被捕杀、暴力施害者和受害者之间的关系。

人类世首先呈现为人类对其他物种赤裸裸的暴力。人与鲸鱼首先呈现出直接暴力的施害者和受害者之间的关系。直接暴力是指“言语或肢体的侵犯，伤害到自己或他人的身体、思想、精神的行为”(Galtung & Fischer，2013：46)。詹森认为，人类对动物的暴力直接体现在屠宰场、动物农场、实验室或任何环境下的杀戮行为(转引自Torres，2007：69)。《白鲸》中，亚哈船长对莫比·迪克的追逐是人类对鲸鱼近乎丧心病狂地实施直接暴力的一个缩影。人类对鲸鱼的暴力不仅仅是赤裸裸的，而且在时间跨度和空间维度上也是空前的。“裴廓德号”计划历时三年的“环球远航”的目的就是捕杀鲸鱼、攫取鲸油。尽管偏执的亚哈船长为追捕莫比·迪克偏离了远航的初衷，但不变的是人类对鲸鱼的暴力。小说中的人鲸关系反映了人类世语境下人类力量的主导地位。

人类世在本质上是一种“资本世”，因为资本以及相应的资本主义经济是主导工业文明、殖民主义、帝国主义的源动力，从而导致深层次的结构暴力。暴力的根本经济驱动力就是“对利益的永恒追求”：为了利益，人们不计后果地破坏自然界，迫使他人劳作，杀死并消费数以亿计的动物（Torres：69）。《白鲸》中人类对鲸鱼的暴力亦有深层次的资本因素。18世纪80年代，赢得独立战争的美国为了巩固新政权，大肆开展殖民活动，对地球上的有限资源进行无度攫取，大肆发展捕鲸业。在19世纪上半叶，美国已是世界上最主要的捕鲸国，1846年全世界有900艘捕鲸船，美国就有755艘（Kidder & Oppenheim：67）。据统计，在当时，捕鲸业每年给美国带来高达七百多万美元的收益，成为美国资本主义工业的重要组成部分。在某种程度上，捕鲸业成为当时“美国经济起飞的引擎”，为美国资本主义的繁荣奠定了基础，正是“凭借强大的捕鲸能力，美国开始建立起日后称霸全球的经济雏形”（郭银玲：247）。

经济和商业利益无疑是人对鲸鱼实施结构暴力的重要推动力。而事实上，当时美国奉行的强权政治也是人们开展鲸鱼捕杀活动的不可忽视的原因之一。海上扩张是海外扩张的基础，所以美国的海外扩张需要以捕鲸业的发展为前提。美国的捕鲸业同殖民活动和海外扩张紧密相连。《白鲸》中，以实玛利（Ishmael）一语道破天机：

> “捕鲸船是探测地球的先锋队，它往往奔赴那些偏僻、不为人知的地方……如果现代化的欧美船舰能够在那些曾经野蛮的海港中平安停靠，那他们应首先对捕鲸船鸣炮以示感谢，正是捕鲸船，为后面的战舰开辟了道路，并且充当了他们与野人之间的先头翻译。”（麦尔维尔，1992：111）

这段引文对捕鲸船给予了极高的赞誉，其中最重要的原因是捕鲸船给落后地区带来了所谓的民主、自由和文明。具体而言，叙述者认为“是捕鲸者第一个冲破西班牙的保护政策，接触到这些殖民地。……秘鲁、智利和玻利维亚依靠捕鲸者从老西班牙的统治中解放出来，而这些国家最终都成为有着民主制度的国家了……澳大利亚，另一个半球上的美国，它的文明也是捕鲸者带来的……如今的殖民地如此庞大，真正的母亲就是捕鲸船”(麦尔维尔，1992：111–112)。

这两段引文透露出，捕鲸活动不仅仅是一种单纯的经济活动，还有丰富的政治内涵，承载着美国的殖民征服和帝国野心，这是西方主导的将东方纳入其政治、经济体系的过程。可以说，捕鲸活动在本质上是一种准殖民活动，为美国殖民主义和帝国主义活动的开展奠定了基础。因此，捕鲸活动和殖民活动是一种共谋关系，捕鲸船所到之处，美国殖民主义的触角也便延伸到那里。麦肯兹认为捕猎是“欧洲殖民扩张的必要准备和训练”(MacKenzie：44)。美国和西班牙在加勒比海地区和南太平洋地区的殖民地竞争，预示了1898年促使美国走上真正意义上的帝国主义道路的美西战争的必然性。“裴廓德号”开展环球远航，捕杀鲸鱼，预示着美国的殖民主义视野也将笼罩全球。美国殖民者打着捕鲸的幌子，自由穿梭于世界的每一个角落，实则带着浓烈的政治和军事色彩，在某种程度上，美国借由征服鲸鱼而征服世界。美国的政治和军事野心导致了对鲸鱼的结构暴力，并加剧了人对鲸鱼的直接暴力。

除了社会政治、经济因素外，美国捕鲸业的发展以及对海洋生物的疯狂掠夺，也有着更为深刻的文化元素。大卫·尼伯特(David Nibert)也认为，“我们的社会暴力地对待动物，是源于意识形态上的物种优劣观念”(Torres：71)，这也正是加尔通所称的“文化暴力”。“文化暴力”乃是指那些基于“意识形态和话语体系”的能被用来为直接暴力或结构暴力辩护，或使之合理化的文化因子(Galtung，1990：291)。

语言规避是文化暴力的重要手段。在人类对鲸鱼的暴力方面，语言规避具体表现为“缺席指涉”(absent referent)，“可以让我们忘记作为独立主体存在的动物”(Adams：17)。卡罗尔·亚当斯(Carol J. Adams)认为有三种方法可以使动物“消失”或变成“缺席指涉”。第一，从“消失”的字面理解，也就是对动物的直接屠杀，其中暴力是基础。第二，从语言的角度，使用语言或修辞的替换手法，避免直接提到动物。从语言学角度，“缺席指涉”是指利用能指代替所指，从而擦除所指。例如beef就是cow的一种“缺席指涉”。缺席指涉使消费者专注于肉体本身，而不会去联想动物经历了怎样血腥的被杀过程才呈现在这里，掩盖了动物受苦的事实。“缺席指涉”既是物化动物的结果，又进一步巩固了人类对动物的物化。小说《白鲸》中的捕鲸人就是善用“缺席指涉”的典型。比如，针对从海中吊起鲸鱼时被起锚机勾住的部位，他们称之为“头巾”，把钩子上方比较长的一块肉称作“毛毯”(麦尔维尔，1992：297)，称细碎的鲸肉为“葡萄干布丁”，将长时间被抓捏的鲸脑膜称为“烂泥浆”(406)，将鲸尾尾梢上切下来的一条约有一英寸厚的硬邦邦的短肌腱称为“钳子”(407)。第三，通过比喻、隐喻等手段实现动物的物化，由此弱化或掩盖对动物的暴力。人类屠杀鲸鱼、剥鲸鱼皮的行为本来血腥味十足，但《白鲸》中却将其与剥桔子作比较，“由于鲸皮包着鲸肉犹如橘子皮包着橘子，因此，剥鲸皮就好像剥橘子皮一样”(297)。无疑，这种隐喻语言的使用使剥鲸鱼皮的行为显得再正常不过，遮蔽了人类对鲸鱼的暴力行为或鲸鱼曾是活体的事实。通过“缺席指涉”的运用，人类对鲸鱼的暴力在语言上被清除了，人类对鲸鱼的暴行也被掩盖了，而事实真相的歪曲本身就是暴力。

另外，人类中心主义思想是潜在的最强大的文化暴力。人类中心主义在西方源远流长，于19世纪达到巅峰，是一种典型的功利型思维方式，完全以人为中心，以最大限度地谋取和占有眼前物质利益为关注和思考对象。在工业文明进程中，西方白人借助科技的进步向海洋挺进，认为自己是海洋的绝对主宰，海洋生物在人类面前只能俯首称臣，唯命是从。捕杀行为一旦受到阻碍或反抗，骄傲的人类不但不反思自己的行为，反而认为这是对其绝对权威的挑衅，是人类的耻辱。小说中的亚哈就是带着这样一种心态看待他和莫比·迪克的关系。对他而言，莫比·迪克咬掉他一条腿并逃之夭夭这件事是他人生莫大的耻辱。消除他人生污点的唯一途径就是让这只鲸鱼从地球上消失。这些都是典型的绝对的人类中心主义思想，这是“工业革命时期最为流行的理论观点，也是当时人类对待自然的态度的基本依据”（曾繁仁：28），正是这些思想导致人类对鲸鱼的暴力，而深层次的人类中心主义文化观正是操控暴力的背后元凶。

小说中，文化暴力还体现在资本主义的生产文化和美国的捕鲸文化上。詹森认为，他们的文化认可在等级关系中，处于“高级地位”的人的财产比“低级地位”的人（或他者）的生命更加宝贵。“对高级地位的人来说，以毁灭或剥夺低级地位的人（或他者）的生命来增加他们所能控制的财产的数量是可接受的。这被称作生产”（Torres：68）。很显然，在捕鲸人眼中，鲸鱼处于附属地位，具有很高的利用价值，但从来不具备生命价值或伦理价值，没有道德地位，只是作为一种资源而存在。换句话说，鲸鱼是资本主义进行生产的原材料和人类的财产。鲍伯·托利斯（Bob Torres）认为“当仅仅被看作是人的财产时，动物就会始终处于附属地位。在这样的地位下，我们人类可肆意对它们付诸暴力，不为别的，仅仅是因为它们的‘非人地位’……就是因为我们将它们视作‘他者’，暴力自然而然地就发生了”（69）。

另外，小说中的基督教文化变体为一种捕鲸文化，蕴含着文化暴力。小说第七章至第九章介绍了与捕鲸密切相关的基督教文化：在新贝德福有专门为慰藉捕鲸人的心灵而建的捕鲸人教堂，令当地人“十分喜爱信服”的梅普尔牧师（Father Mapple）在年轻时就是一名“水手和标枪手”（麦尔维尔：58）。他在布道中宣扬一种强者哲学，鼓励捕鲸人做海洋的主宰，不怕灾祸、追求幸福，这为人类对庞大的鲸鱼肆无忌惮地实施暴力提供了精神支撑。正是因为笃信“强者哲学”，亚哈逐渐形成了孤僻、残酷、偏执的性格，誓死要杀死白鲸。因此，要颠覆人与动物之间的二元对立，缓和两者之间的紧张关系，最根本的还是要进行文化反思，对美国盛行的鲸鱼文化及其深层次的文化结构进行深入追究。

在三种暴力中，文化暴力最为隐蔽，最难防备，也最顽固。《白鲸》

中人类对动物的文化暴力其表现形式是多元的，人与鲸鱼的复杂关系呈现出19世纪中叶美国社会的文化图景。语言规避、人类中心主义思想、资本主义的生产文化和美国式的基督教—捕鲸文化共同造就了稳固的文化暴力，使人类对鲸鱼的暴力既无所不在，又悄无声息，使动物坠入没有主体生命价值的无尽黑暗和作为人类附属而"永无翻身之日"的深渊。

维恩·格巴蒂（Wayne Gabardi）在《下一个社会契约：动物、人类世和生命政治》（*The Next Social Contract: Animals, the Anthropocene and Biopolitics*）中借鉴卢梭提出的社会契约论，指出人类世处境不仅需要人与人之间的契约，人类和其他物种之间也需要建立一种契约关系。原因在于：其一，所有的动物都生活在社会群体之中，在生命和社会的网络中，存在一种隐性的社会契约；其二，自"大驯化"以来，动物始终是人类社会的一部分，因此也应当是社会契约的一部分；其三，正义不应当仅仅理解为一种伦理或政治观点，而且也应从人类和非人类动物的生物、社会和文化层面考虑，而在后人文主义世界中，人和非人动物应当是一种共同体关系（Gabardi：5–6）。那么在人类世语境中，如何才能更好地建构人与动物之间的社会契约呢？无疑，这需要我们真正地了解和认知动物物种，突出动物的自主性和主体性。

综上所述，人对动物的暴力无所不在，我们所看到的暴力仅仅是冰山一角。暴力有其内在的运行机制和多元的表现形式。直接暴力是人类对动物暴力的直接呈现，政治和经济需求是人类对动物实施暴力的重要因素，而文化则可以使人类对动物的暴力合理化，使暴力隐形或使人对暴力视而不见。直接暴力、结构暴力和文化暴力构成稳固的暴力三角，三种暴力形成一种联动机制，构成人对动物的多重围剿结构。《白鲸》中充斥着这三种暴力。在人类力量不断增强、人类欲望不断膨胀的语境下，动物根本无法凭借自己的力量突出重围。这注定了莫比·迪克最终的命运。亚哈船长驾着"裴廓德号"与鲸鱼为敌、与自然为敌，对自己的罪行不知悔改，最终驶向毁灭的深渊。"裴廓德号"的沉没令人深思。人类文明的舰船究竟要驶向何方？还能在地球的海洋上航行多久、多远？这一切都取决于人类在面对鲸鱼、面对海洋、面对大自然时所作出的伦理选择。

《白鲸》中无所不在的暴力，可谓人类世早期人类中心主义的集中呈现，同时又蕴含着权力消解的可能性，为建构以地球为中心的人类世权力提供了重要的文化基础。

6.4 星球形象、时空命运共同体的建构与权力再塑

一般而言，权力场域只限于人类社会，但随着人类世时代的到来，在某种程度上，权力场域由人类社会拓展至整个星球，也就是地球万物和星球任何一个角落都具备了影响人类生存和发展的力量。作家通过丰富的想象力不仅呈现人类世语境下人类的生存困境，同时通过"星球想象"反观地球现实。不同的星球形象或为当下地球的一面镜子，或为未来地球命运的预言，对于从星球历史的视角理解地球具有较强的参考意义，也为"灰暗人类世"或"暗黑人类世"时代背景下探索延续地球文明的可能性路径提供借鉴（Jiang：7）。

美国科幻作家厄休拉·勒古恩（Ursula K. Le Guin）擅长将人类学、伦理学思辨融入幻想文学创作中。她的代表作《失去一切的人》（*The Dispossessed*）体现出对人类社会未来走向的探讨与关怀。小说的副标题是"一个含混的乌托邦"（*An Ambiguous Utopia*），体现出勒古恩对乌托邦各种可能性的思考。小说从社会运行机制的视角切入，通过来自阿纳瑞斯星的主人公谢维克（Shevek）离开故乡、拜访乌拉斯星的经历，向读者展示了两个社会形态迥异、互为镜像的星球——阿纳瑞斯和乌拉斯。

诸多研究者探讨阿纳瑞斯乌托邦性质的多层次性，挖掘表象背后的内在社会逻辑。有学者认为它是"有瑕疵的乌托邦"（Sargent：126），还有人将其视为"后—反乌托邦"（White：82）。其实，与消费文化极度发达

的乌拉斯星相比，阿纳瑞斯的乌托邦形态可被视为“去增长”（degrowth）理念的具象化，共享社区是社会稳定发展的制度保障，和谐共生的共同生活关系和社会理想是居民保持精神愉悦的底色。本节从“去增长”“去权力”视角出发，探究勒古恩在这场思想实验中提供的激进思想与方案，阐释阿纳瑞斯乌托邦形态的含混与真实，旨在深化人们对地球权力的思考。

6.4.1 “去增长”：阿纳瑞斯的全景图

资本主义社会的内在逻辑在于“资本权力”，即资本对个体、集体和整个社会实施无所不在的影响。“去增长”理念是对“增长”话语霸权的解构，也是对以生态可持续、增进人类福祉为核心的生活方式的建构，是一种新的社会权力的探索。“去增长”思潮发轫于20世纪70年代，主要由西班牙、法国、意大利等欧洲国家的学者大力倡导。2008年，法国巴黎举办了第一届“致力于生态可持续和社会公平的经济去增长国际会议”。会后发布的文件将“去增长”定义为：“在短期和长期中、局部地区和全球范围内，以增加人类福祉、改善生态条件为宗旨，公平、合理地缩减生产和消费规模”（Research & Degrowth：523）。可见，“去增长”概念并不意味着经济衰退，而是“面向新时代的词汇”（Kothari *et al.*：368）。它着眼于未来发展不可持续的问题，认识到盛行的消费主义文化对无节制投资、生产的刺激，对地球现有生态承载力和社会公平缺失现象的忽视，从而强调工业化国家需变革以GDP增长为核心的传统发展理念，通过低消耗和紧缩措施，在保证国民生活质量的同时，实现更稳定、可持续的经济运行状态和生活方式。

乌托邦阿纳瑞斯是“去增长”理念的具象化。与“去增长”概念稍有出入的是，阿纳瑞斯的低能耗经济模式并非当地政府刻意缩减的成果，而是这颗星球本身的恶劣环境带来的客观影响。与水土肥沃的乌拉斯星相比，阿纳瑞斯最初就是一片荒漠，空气稀薄，“要么烈日炎炎，要么寒风刺骨，总是尘土飞扬”（勒古恩：103）。虽有丰富的矿藏可供出口，但其他物资都谈不上丰盈，生物甚至没有进化至哺乳动物阶段。奥多主义[1]支持者们从乌拉斯迁出，选择移居阿纳瑞斯，在适应贫瘠的生活环境后，阿纳瑞斯着力发展生态经济、有机经济。他们捕鱼但并不贪得无厌，坚持使用有机肥耕作。阿纳瑞斯的中心城市阿比内有一片“鲜艳厚重的绿色田野”，这些引进的绿色植物为整个星球添彩，“充满了生机的纯净绿色”（106），时刻滋养着居民的内心。城市边缘的街道上有一些巨大的抛物面反光镜，可以为阿比内的精炼工厂提供太阳能。尽管阿比内城的能源并不短缺，但为贯彻有机经济的原则并减少能源浪费，房子均配有小而多的窗户，目的是取消在日出前一小时和日落后一小时这两个时间段里的照明服务。另外，当室外温度超过55华氏度时，屋内也会停止供暖。这里没有繁华的商贸中心，没有炫目的广告，人们从不用花钱买东西，对市场机制完全没有概念。与之相对的是朴实无华的街道、低矮的房子和没有围墙的车间院子，但它们都无一例外地充满活力，因为“没有哪一扇门上了锁，关着的也是极少数”（108），人们来往忙碌着，热闹非凡。劳动是人的价值的集中体现，阿纳瑞斯的工种不分高低贵贱，因此在阿比内许多车间和工厂里，谢维克总能看见玻璃厂、电线厂的工人们热火朝天工作的情形，“每一处正在进行的活动都很令人着迷”（108）。而且，阿纳瑞斯街头有一尊奥多雕像，刻画的也是精神领袖奥多阅读《社会有机体》的场景。可见，阿纳瑞斯这幅“去增长”图景清晰透亮、毫无遮蔽，贯彻有机理念，“让人一览无余，就像撒落的盐一般简洁明了”（107）。

6.4.2 共享社区：激进的人类福祉方案

“去增长”理念在要求收缩经济规模的同时，也为增进人类福祉提出激进的替代性方案。它不仅指向一个“新陈代谢更低的社会”，更意味着“完全不同的社会新陈代谢架构”（Kothari *et al.*：369），其中“公

1 书中虚构的以奥多（Odo）的主张为核心的政治观点和思想体系。

共、社区、再分配”是该社会形态构成的关键。阿西施·科塔里（Ashish Kothari）等学者总结了各类可持续发展理念提供的激进人类福祉方案的共性，他们在政治治理和经济结构上都提倡“以社区为中心”，实现“生产资料在社区或公共领域内共有”，以“整体性社会福利为导向”，对权力和财富进行“激进再分配”（371）。此外，这些方案也强调习惯法和公共政策需以可持续发展为核心原则。可见，共享社区是去增长理念指导下的组织形态，也是人类福祉方案中必不可少的一环。

在《失去一切的人》中，勒古恩对共享社区的运作方式和社会功能着墨不少。各地的奥多主义公社模式完全相同，它们是城市的基本单元，均由车间、工厂、住家、宿舍、学习中心、会议厅、仓库、食堂和物资发放处构成。各种社会资源，包括食物、衣物和生活资料都被共同生产、共同分享，食物直接在公共食堂领取，谢维克和爱人塔科维亚（Takver）结婚后所做的事情之一正是去物资发放处领新衣服。成年后，若一个人有专长并且希望从事哪份工作，只要这个岗位有需求，他/她去登记后便能直接得到这份工作。同时，参加“旬末轮值”的公社劳动也成为人们的共识。紧急情况下，人力可以被调配到阿纳瑞斯最需要的地方，人们也会服从安排，这里包含着对他们自我牺牲精神的尊重。此外，在奥多对于理想社会的构想中，各公社间应当有通信和交通网络，使得各公社间可以自由高效地交换物资，从而达到“生命、自然生态以及社会生态中特有的多样化平衡”（勒古恩：105）。

集体宿舍是共享社区的重要空间形式，也是阿纳瑞斯人社会化的场域。阿纳瑞斯人出生后便会离开父母，被送往公共托儿所集体接受教育。对于孩童而言，如果无法住进集体宿舍，则意味着这个孩童太过以自我为中心，因此“独处相当于是一种耻辱”（勒古恩：119）；而对于成人来说，平时是没有理由不睡在集体宿舍里的，如果不喜欢这间宿舍的室友，可以随时换到别的宿舍。阿纳瑞斯人达成共识，即在保证性隐私的前提下，别的隐私没有保护的必要，“都是多余的浪费的”（119）。因此，只有当他们有性生活的需求时，才可以申请使用一阵子单人间；只有当一对男女结为夫妇后，才能拥有一间双人房。可见，选择独居的，都是无法或不愿接受阿纳瑞斯社会理念的人，因为这里的多数人认为，“团结是人的权利也是义务”（119）。以至于当物理学家谢维克被中央科学院安排住进有生以来第一次“属于自己一个人的房间”（120）时，他的第一反应是不高兴和羞耻。可见，共享社区已成为阿纳瑞斯人社会化的关键空间，激起他们对集体生活的认同感。

6.4.3 和谐共生：趋向美好生活的可能性

“去增长”图景和以共享社区为核心的社会组织形式勾勒出阿纳瑞斯人乌托邦式的生活状态，但乌托邦表象下矛盾重重。主人公谢维克在成长和工作中的种种遭遇使得他对阿纳瑞斯的社会形态、奥多主义是否真正被民众理解抱有极大困惑，因而选择来到乌拉斯寻求解决问题的办法，这才是谢维克走上“英雄与远征”道路的契机（Rochelle：33）。《失去一切的人》以双线叙事展开，当勒古恩铺陈阿纳瑞斯乌托邦形态的同时，也总不忘描绘它的“跨界同一性”，即它“与真实世界具有同样的缺陷和弊病”(王茜：154)。一方面，官僚主义在“生产分配协调处”和中央科学院的渗透最为严重，且逐渐向阿纳瑞斯的每个角落蔓延。原先的约定是：“生产分配协调处”的工作志愿者只能通过抽选任职四年，然后必须离开，但现在已经有不少人在里面待了不止四年；中央科学院基本被萨布尔（Sabul）一派控制，人事任命、成果发表均为权力裹挟，这让谢维克的好友比达普（Bedap）在入职中央科学院四十天后就明确认识到，“在未来的四十年里，我在这里会一事无成”(勒古恩：177)。另一方面，人们对奥多主义的理解、阐释逐渐偏离正轨。在教育环节，人们机械地向孩子们重复奥多说过的话，而“孩子们鹦鹉学舌般地学习奥多说过的话，把这些话当成了法令”（181），却鲜少真正去理解和思考。可见，无政府主义形态下的阿纳瑞斯依然难逃权力的滋生，社区、物资的共享绝不代表权力的共享。

谢维克对乌拉斯的认识也逐步深化，渐渐发现乌拉斯繁荣表象下的灰色地带。乌拉斯的消费文化高度发达，人们偏爱用盛大的仪式和炫目的文化符号包装自身，商业街上琳琅的商品与流动的欲望令谢维克惊诧不已。乌拉斯全社会被物质主义裹挟，人在欲望的支配下与自然、社会和自身异化，竟用活剥的人皮制作女王的斗篷。女性则被完全物化，她们无法接受高等教育、从事科研工作，其"所谓的思考是通过子宫来进行的"（勒古恩：82），只有美丽贞洁的女性身体才是乌拉斯男性眼中珍贵的东西，无怪乎谢维克第一次同乌拉斯的几位同僚交谈时，就忍不住问道："女人都在哪里呢？"（81）谢维克认识到资本逻辑支配下的乌拉斯贫富差距巨大、性别歧视严重，绝非他能找到出路的乌托邦。

由此可见，勒古恩向读者抛出两种相异又相互联系的社会形态和运作机制，分别呈现它们的优势与危机，却没有为乌托邦建构提供一个确定的答案。她对消费文化展开批判，着力表现人在欲望驱使下的堕落与异化。这表明过度消费并不能真正带来幸福和美好生活，丰富健康的精神生活以及与自然、与他人、与自身的和谐共存才是真正的幸福。一方面，勒古恩赞扬人与人之间精神上的亲密联系。在阿纳瑞斯的小公社里，人们"通常会主动跟陌生人搭讪"（勒古恩：111），大家彼此都非常熟悉；当谢维克被安排参与造林工程时，他初次遇见一位姓名发音和自己类似的人，首先感觉到的是一种亲近的关系，"比兄弟情谊更为特别"（53）。另一方面，勒古恩赞美阿纳瑞斯人对自然的热爱，这尤其表现在谢维克的爱人塔科维亚身上。她对户外风景和各种生灵"有着近乎狂热的关注"（198），实验室的鱼缸里养着五十多种鱼；塔科维亚手拿叶子或石头的场景都能让谢维克感到"她跟它们已经互为延伸，融为一体"（198）。

此外，书中的精神领袖奥多的思想集中表达了勒古恩的乌托邦理想："没有了罪恶的占有、没有经济竞争的负担，一个孩子在这样的背景之下成长，他就会有意愿去做需要他做的事情，并且能从中得到快乐……这种持续的快乐，也许就是人类友爱乃至所有社会性的源头"（勒古恩：

264)。可见，奥多强调的“团结”富有生命激情和力量，这是和周围人的团结合作，也指向更加宽广的与自身、生态环境甚至宇宙的联结，是“比一切的考验都要强大的联结”(265)。这份联结是人与人之间“精神共同体”以及人与自然之间“生命共同体”的文学表征，彰显出美好生活背后和谐共生的底色，这也是“去权力”的重要尝试。

勒古恩细腻、智慧的书写，让读者思考物质和精神双重维度下乌托邦建构的必要性。作者对阿纳瑞斯的态度是发展的，是朝向大卫·哈维(David Harvey)的“时空乌托邦”迈进的，即“将‘社区’的生产与‘为了集体行动’的目标在进步的解放政治学框架中结合起来，依靠阶级联盟实现时空乌托邦理想”(张小红：21)。“去增长”并不主张“退回到不曾存在的过去，而应当立足当下，这个当下是基于对过去和未来的全面关照和整合而形成的”(Kallis: 361)。同样的，对迁入阿纳瑞斯的居民而言，那个高度发达的工业文明社会乌拉斯是他们的过去，也是他们星球可能走向的未来。勒古恩在小说中的思考，体现了人类权力和地球权力之间高度紧张、无法调和背景下的一种可能性出路，对于超越人类世困境具有借鉴意义。

总之，21世纪以来，随着人类世概念的广泛传播与接受，人们开始重新审视人类和地球之间的关系，气候变化可能带来的毁灭性危机促使人们关注非人类生命的施动力，人类世权力、地球权力等概念的提出大大拓展了传统权力的思维范畴，为深刻思考人与自然、地球之间的关系，揭示气候变化的根源、探索人类世危机的可能性出路提供了重要视角。

第七章 结语

亘古以来，人类社会的延续和发展都离不开权力，权力是人类最基本的生存方式，是人类社会大厦得以建构和矗立的地基，也是人类历史的车轮滚滚向前的动力源泉。作为一种生物体，人不是孤立的存在，是社会的人；可以说，人世间所有的爱恨情仇都与权力密切相关，人自出生起，便进入世界无所不在的"权力之网"，无法逃避，直至离开这个世界。

"我是谁""我从哪里来""我要到哪里去"这三个终极哲学问题，涉及人类的过去、现在和未来，都与对权力的思考密切相关。"我是谁"关乎人类自我身份、角色和生存意义等问题，蕴含着对个体身份的认知、疑问、焦虑、建构等，只有在人际关系之中，在语言、肤色、饮食、服饰、性别、种族、文化、价值的坐标中，方能找到该问题的答案。"我从哪里来"是人类在进化过程中，深深根植于人类集体无意识、基因和记忆中的问题，正是在这一问题的不断激荡中，人类的家庭意识、伦理意识才得以确立。"我要到哪里去"涉及每个个体的前进方向，是人生价值、追求和生存意义问题。权力的生产、运作和实施都根植于社会关系、人际关系，依附于人类个体或集体，并在追求自我和集体的利益、福祉中得以实现。因此，上述三个终极哲学问题，都与权力密切相关。

权力涉及控制与被控制、压迫与被压迫的关系，但它更多是一种施展影响的力量，且并非人们通常以为的宏大的单一力量，而是微观的，交错复杂、相应影响的力量。不同力量之下的权力或汇聚成涓涓小溪，或为磅礴洪流。人类在权力之流中你争我抢、“争斗厮杀”，或在权力之中相安无事、繁衍生息，或在权力之中塑造风云时代，成就英雄人物。

该书探讨了西方人文社科领域的权力概念内涵，尤其聚焦政治学和社会学两个方面，对西方近现代权力思想进行了系统梳理，总结了马基雅维利、霍布斯等政治家的权力观，考察了福柯、阿甘本、阿伦特、吉登斯、奈等重要思想家的观点，揭示了权力的关系性、流动性、生成性等基本特征，辨析了权力概念的内涵、嬗变和最新发展。需要指出的是，不同思想家的权力观既有独立性，同时又相互关联，处于“权力”的网络之中。尤其现代权力论者往往借鉴之前思想家的观点，在继承的基础上不断突破，甚至颠覆性创新。可以看出，不同思想家在权力论述中，立足点或侧重点往往不一样。

需要强调的是，任何一位政治家或思想家权力观的形成都源于特定的历史时空。不仅权力是流动的，人们的权力观也随着时代的变化而变化；只有从历史的维度进行审视，才能勾勒出西方主流权力观的发展脉络。近代的马基雅维利、霍布斯等人的权力观更多是从宏观角度思考权力问题，聚焦君主或者统治者，具有很强的政治性。随着西方资本主义的兴起，在启蒙运动的激发下，人文主义精神不断传播，权力的内涵、实施和运作方式都发生了很大变化，思想家对权力的理解也随之改变。福柯可谓西方权力思想史上一个里程碑式的人物。福柯的生命政治思想影响深远，对于理解和把握人类“身体”以及权力关系具有重要参考价值，因此在多个章节都有涉及。

本书关于权力的探讨不拘囿于生命政治或人类社会，而是超越传统的观点，将权力关系的探讨拓展至人类的整个生存环境，借鉴新物质主义思想，提出人类世和地球权力，不仅关注权力生成和流动中的身体，也从更为宽广的视野和范畴考察权力，甚至将身体的概念延伸至国家或整个地球。

需要注意的是，作家往往立足人与人、不同群体之间的关系，因此政治家所关注的宏大的国家权力在文学作品中较少涉及，而身体的微观权力政治却无所不在。在文学作品中，权力也是一种普遍现象。毫不夸张地说，任何文学作品都渗透着权力现象，隐含着权力运作机制；从这个角度来说，任何作品都可以从权力的视角进行阐释。

事实上，文学研究的权力视角尚未得到充分重视。主要原因在于，研究者通常倾向于强调作品的文学性或艺术性，而忽视作品的生成性。任何一个作家、任何一部作品的生成都处于特定的社会权力环境之中，所呈现的人际、人与社会，乃至人与自然环境的关系，无不受权力的影响。要从权力视角分析一部作品，可主要考虑三个维度：一是作家所处的客观权力环境以及作家个人在社会权力层级、权力网的位置；二是作家基于个人经验和个人想象所关注的文学主题及其隐含的权力关系；三是作品中人物所处的权力环境，主要包括社会权力环境、人际权力环境，以及人物在权力环境中的遭遇与命运变化和权力的流动性等。

该书从阶级、种族、性别、人与地球之间的关系等维度，结合具体的文学文本，对无处不在的权力进行剖析和探讨，揭示权力的具体运作和流动生成，对于深刻把握作为“人学”的文学之主题和本质具有重要意义。可以说，任何文学文本都能借鉴权力视角进行审视。其中，阶级、种族和性别立足人类社会，从不同角度考察权力在多种场域中的流动与发展、颠覆和重建等，而人与地球之间的关系则将权力视角延伸至更广阔的领域，无论对于观察人类个体和集体行为、社会运作与流动、民族和种族关系等都具有借鉴价值。

在21世纪的今天，随着全球气候变化、人工智能等的快速发展，工业文明危机不断加深，新的文明形态呼之欲出，后人文主义、后人类思想不断涌现，权力的范畴和运作发生了新的变化，这同样体现在文学作品中。新时期文学研究的权力视角需要及时更新，将生态权力、人类世权力、新物质权力、后人类权力等概念融入相关研究中，将非人类能动力量纳入权力的考量范畴。同时，权力的资源视角将得到进一步重视，在人类世危机背景下，自然资源的匮乏、不同利益方对有限资源的争夺以及引发的各种社会问题，为权力研究注入新的活力。

总之，不忘过去，立足当下，面向未来，基于此，人类才能在权力的滚滚洪流中生生不息。阶级、种族和性别等维度既是过去、现在，也关乎未来，但其视野未超脱人类自身的范围。21世纪的权力研究亟需借助人类世概念，结合全球气候变化这一重大社会现实更新权力话语体系。在人类世的历史语境中，我们应重新思考权力问题，反思西方文明和所谓的西方“进步”话语，从地球史的角度重新思考人类的命运和未来，直面人类的生存困境，考察“地球权力”的内涵和本质，尝试重塑人类世权力话语体系，这对于把握人类发展的正确方向具有重要的参考意义。

参考文献

Adams, Carol J. *The Sexual Politics of Meat: A Feminist-Vegetarian Critical Theory*. New York: Continuum, 2004.

Agamben, Giorgio. *Homo Sacer: Sovereign Power and Bare Life*. Stanford: Stanford University Press, 1998.

—. *The Open: Man and Animal*. Stanford: Stanford University Press, 2004.

—. *State of Exception*. Trans. Kevin Atell. Chicago: University of Chicago Press, 2005.

Amason, Garðar. *Foucault and the Human Subject of Science*. Cham: Springer, 2018.

Amster, Randall. *Contemporary Anarchist Studies: An Introductory Anthology of Anarchy in the Academy*. New York: Routledge, 2009.

Arendt, Hannah. *On Violence*. New York: A Harvest/HBJ Book, 1970.

—. *On Revolution*. London: Penguin Books, 1990.

Ashcroft, Caroline. *Violence and Power: In the Thought of Hannah Arendt*. Philadelphia: University of Pennsylvania Press, 2021.

Barry, William J. *Appropriate Dispute Resolution*. New York: Wolters Kluwer, 2017.

Bierstedt, Robert. "An Analysis of Social Power." *American Sociological Review 15*, 1950: 730-738.

Blackburn, Robin. *The Making of New World Slavery: From the Baroque to the Modern Age, 1492–1800*. London: Verso, 1998.

Blau, Peter M. *Exchange and Power in Social Life*. New York: John Wiley & Sons, 1964.

Boddice, Rob. *Anthropocentrism: Humans, Animals, Environments*. Leiden: Martinus Nijhoff Publishers, 2011.

Bourdieu, Pierre. "The Forms of Capital." *Handbook of Theory and Research for the Sociology of Education*. Ed. John Richardson. New York: Greenwood Press, 1986.

—. *Language and Symbolic Power*. Ed. John Thompson. Trans. Gino Raymond and Matthew Adamson. Cambridge: Harvard University Press, 1991.

Bove, Laurence F., and Laura Duhan Kaplan. *Philosophical Perspectives on Power and Domination: Theories and Practices*. Amsterdam: Rodopi, 1997.

Burnett, Lucy. "Firing the Climate Canon — A Literary Critique of the Genre of Climate Change." *Green Letters: Studies in Ecocriticism 22*(2), 2018: 161-180.

Burns, Tony. *Political Theory, Science Fiction and Utopian Literature: Ursula K. Le Guin and* The Dispossessed. Plymouth: Lexington Books, 2008.

Calhoun, Craig, Edward LiPuma, and Moishe Postone, eds. *Bourdieu: Critical Perspectives*. Chicago: University of Chicago Press, 1993.

Claridge, Henry. *William Faulkner: Critical Assessments*. Mountfield: Helm Information, 1999.

Clark, Brett, John Bellamy Foster, and Stefano B. Longo. "Metabolic Rifts and the Ecological Crisis." *The Oxford Handbook of Karl Marx*. Ed. Matt Vidal, Tony Smith, Tomás Rotta, and Paul Prew. New York: Oxford University Press, 2019.

Clark, Nigel. "Geopolitics at the threshold." *Political Geography 37*, 2013: 48-50.

Clark, Timothy. *Ecocriticism on the Edge: The Anthropocene as a Threshold Concept*. London: Bloomsbury, 2015.

Clegg, Stewart R. *Frameworks of Power*. London: Sage, 1997.

Cohen, Ed. *A Body Worth Defending: Immunity, Biopolitics, and the Apotheosis of the Modern Body*. Durham: Duke University Press, 2009.

Crutzen, Paul J., and Eugene F. Stoermer. "The Anthropocene." *IGBP* [International Geosphere-Biosphere Programme] *Newsletter 41*, 2000: 17-18.

Dahl, Robert A. "The Concept of Power." *Behavioral Science 2*(3), 1957: 201-215.

Dahrendorf, Ralf. *Class and Class Conflict in Industrial Society*. Stanford: Stanford University Press, 1959.

—. *Essays in the Theory of Society*. Stanford: Stanford University Press, 1968.

Dalby, Simon. *Anthropocene Geopolitics: Globalization, Security, Sustainability*. Ottawa: University of Ottawa Press, 2020.

Darby, Phillip. *The Fiction of Imperialism: Reading Between International Relations & Postcolonialism*. London: Cassell, 1998.

de Maistre, Joseph. *The Generative Principle of Political Constitutions: Studies on Sovereignty, Religion and Enlightenment*. Abingdon: Taylor & Francis, 2017.

Derrida, Jacques. *The Animal That Therefore I Am*. New York: Fordham University Press, 2008.

Dillon, Michele. *Introduction to Sociological Theory: Theorists, Concepts, and Their Applicability to the Twenty-first Century (3rd Edition)*. New York: Wiley Blackwell, 2020.

Dirks, Nicholas B. *Colonialism and Culture*. Ann Arbor: The University of Michigan Press, 1992.

Dowding, Keith. *Encyclopedia of Power*. Thousand Oaks: Sage, 2011.

Dunaev, Anatoly. *The Life and Works of Joyce Carol Oates*. Norderstedt: Grin-Verlag, 2011.

Elder, Glen, Jennifer Wolch, and Jody Emel. "Race, Place, and the Bounds of Humanity." *Society and Animals* 6(2), 1998: 183-202.

Eribon, Didier. *Michel Foucault*. London: Faber and Faber, 1989.

Fanon, Frantz. *The Wretched of the Earth*. New York: Grove Press, 1963.

—. *Black Skin, White Masks*. London: Pluto Press, 2004.

Faulkner, William. "A Rose for Emily." *Reading and Appreciation of English Literature*. Eds. Shi Yunlong and Jiang Lifu. Nanjing: Nanjing University Press, 2016.

Feisner, Marc. *Cadillac Desert: The American West and Its Disappearing Water*. New York: Penguin Books, 2017.

Field, Sandra. "Hobbes and the Question of Power." *Journal of the History of Philosophy* 52(1), 2014: 61-86.

Finn, Stephen J. *Hobbes: A Guide for the Perplexed*. London: Continuum, 2007.

Foucault, Michel. *The History of Sexuality. Vol. 1*. New York: Random House, 1978a.

—. *The History of Sexuality. Vol. I: An Introduction*. Trans. Robert Hurley. New York: Pantheon Books, 1978b.

—. *Power/Knowledge: Selected Interviews and Other Writings 1972–1977*. New York: Pantheon Books, 1980a.

—. "Truth and Power." *Power/Knowledge: Selected Interviews and Other Writings 1972–1977.* Ed. Colin Gordon. Brighton: Harvester, 1980b.

—. "Two Lectures." *Power/Knowledge: Selected Interviews and Other Writings 1972–1977.* Ed. Colin Gordon. Brighton: Harvester, 1980c.

—. "Sex, Power, and The Politics of Identity." *Michel Foucault: Ethics, Subjectivity and Truth.* Ed. Paul Rabinow. New York: New Press, 1984/1994.

—. "On Power." *Politics, Philosophy, Culture: Interviews and Other Writings 1977–1984.* Ed. Laurence Kritzman. London: Routledge, 1988a.

—. "Power and Sex." *Politics, Philosophy, Culture: Interviews and Other Writings 1977–1984.* Ed. Laurence Kritzman. London: Routledge, 1988b.

—. *The History of Sexuality: An Introduction.* New York: Vintage Books, 1990.

—. "Les Intellectuels et le Pouvoir." *Dits et ecrits II 1954–1988.* Paris: Gallimard, 1994.

—. *Discipline and Punish: The Birth of the Prison.* New York: Vintage Books, 1995.

—. "Lives of Infamous Men." *Power.* Ed. James D. Faubion. New York: New Press, 2000a.

—. "The Subject and Power." *Essential Works of Foucault 1954–1984. Vol. 3.* Ed. James D. Faubion. New York: New Press, 2000b.

—. *The Archaeology of Knowledge.* Abingdon: Routledge, 2002a.

—. "Power." *Essential Works of Foucault 1954–1984. Vol. 3.* London: Penguin, 2002b.

—. *Society Must Be Defended: Lectures at the Collège de France 1975–1976.* New York: Picador, 2003.

—. *Psychiatric Power: Lectures at the Collège de France 1973–1974.* New York: Palgrave Macmillan, 2006.

—. *The Archaeology of Knowledge.* New York: Vintage Books, 2010.

French, John, and R. P. Bertram Raven. "The Bases of Social Power." *Group Dynamics: Research and Theory.* Ed. Dorwin Cartwright. New York: Harper & Row, 1962.

Gabardi, Wayne. *The Next Social Contract: Animals, the Anthropocene and Biopolitics.* Philadelphia: Temple University Press, 2017.

Galtung, Johan. "Violence, Peace and Peace Research." *Journal of Peace Research 6*(3), 1969: 167-191.

—. "A Structural Theory of Imperialism." *Journal of Peace Research 8*(2), 1971: 81-117.

—. "Cultural Violence." *Journal of Peace Research 27*(3), 1990: 291-305.

Galtung, Johan, and Dietrich Fischer. *Johan Galtung: Pioneer of Peace Research*. New York: Springer, 2013.

Garrard, Greg. "Never Too Soon, Always Too Late: Reflections on Climate Temporality." *Wiley Interdisciplinary Reviews: Climate Change 11*(2), 2020: e605.

Geetha, V. *Patriarchy*. Kolkata: Stree Publications, 2007.

Gerth, Hans, H., and C. Wright Mills. *Character and Social Structure*. New York: Harcourt, Brace and Company, 1953.

Ghotge, Sanjeev. "Climate Change and Marx in the 21st Century, Part I." *Capitalism, Nature, Socialism 29*(2), 2018: 30-42.

Gries, Peter Hays. *China's New Nationalism: Pride, Politics, and Diplomacy*. Berkeley: University of California Press, 2004.

Gupta, C. B. *A Textbook of Organisational Behaviour with Text and Cases*. Delhi: University of Delhi Press, 2014.

Herman, Judith. *Trauma and Recovery*. New York: Basic Books, 2015.

Hobbes, Thomas. *Leviathan, Parts I and II*. Indianapolis: Bobbs-Merrill, 1958.

—. *Leviathan*. Ed. Michael Oakeshott. London: Collier-Macmillan, 1962.

—. *Leviathan: With Selected Variants from the Latin Edition of 1668*. Ed. Edwin Curley. Indianapolis: Hackett, 1994.

Hofstede, Geert. *Culture's Consequences: International Differences in Work-Related Values*. London: Sage, 1984.

Hunt, Alan, and Gary Wickham. *Foucault and Law: Towards a Sociology of Law as Governance*. London: Pluto Press, 1994.

Isaac, Jeffrey. *Arendt, Camus, and Modern Rebellion*. New Haven: Yale University Press, 1992.

Jackson, Jeanne-Marie. "Going to the Dogs: Enduring Isolation in Marlene van Niekerk' s *Triomf*." *Studies in the Novel 43*(3), 2011: 343-362.

Jandt, Fred E. *An Introduction to Intercultural Communication: Identities in a Global Community*. Thousand Oaks: Sage, 2004.

Jensen, Derrick. *Endgame: The Problem of Civilization (Vol. I)*. New York: A Seven Stories Press, 2006.

Jiang, Lifu. *Climate Change Fictions: Representations of the Dark Anthropocene*. Wuhan: Scientific Research Publishing, 2022.

Johnson, Allan G. *The Gender Knot: Unraveling Our Patriarchal Legacy*. Philadelphia: Temple University Press, 1997.

Joy, Melanie. *Getting Relationships Right: How to Build Resilience and Thrive in Life, Love and Work*. Oakland: Berrett-Koehler Publishers, 2020.

Jun, Nathan. *Anarchism and Political Modernity*. New York: Continuum, 2012.

Kallis, Giorgos, and March Hug. "Imaginaries of Hope: The Utopianism of Degrowth." *Annals of the American Association of Geographers 105*(2), 2015: 360-368.

Kamali, Masoud. *Racial Discrimination: Institutional Patterns and Politics*. New York: Routledge, 2010.

Kearsley, Roy. *Church, Community and Power*. Wales: Cardiff University, 2016.

Kerridge, Richard. "Introduction." *Writing the Environment: Ecocriticism and Literature*. Ed. Richard Kerridge and Neil Sammells. London: Zed Books, 1998.

Kidder, David S., and Noah D. Oppenheim. *The Intellectual Devotional: American History*. New York: Holtzbrinck Publishers, 2007.

Kirby, Mark. *Sociology in Perspective*. London: Heineiman Educational Publishers, 2000.

Kothari, Ashish, Federico Demaria, and Alberto Acosta. "Buen Vivir, Degrowth and Ecological Swaraj: Alternatives to Sustainable Development and the Green Economy." *Development 57*(3-4), 2014: 362-375.

Kumar, Sanjay. *Handbook of Economic Geography*. New Delhi: K. K. Publications, 2021.

Kumari, Ranjana. *Gender, Work, and Power Relations: A Case Study of Haryana*. New Delhi: Har-Anand Publications, 1998.

Kramsch, Claire. *Language as Symbolic Power*. Cambridge: Cambridge University Press, 2021.

Levine, Rhonda. *Social Class and Stratification: Classic Statements and Theoretical Debates*. Lanham: Rowman & Littlefiled, 2006.

Lewis, Simon L., and Mark A. Maslin. *The Human Planet: How We Created the Anthropocene*. New Haven: Yale University Press, 2018.

Libin, Mark. "Dog-Angels in Wolf Time: Locating the Place of the Human in Marlene van Niekerk' s *Triomf*." *Journal of Postcolonial Writing 45*(1), 2009: 37-48.

MacKenzie, John M. *The Empire of Nature: Hunting, Conservation and British Imperialism*. Manchester: Manchester University Press, 1997.

Marshall, Kate. "What Are the Novels of the Anthropocene? American Fiction in Geological Time." *American Literary History 27*(3), 2015: 523-538.

Melville, Herman. *Billy Budd, Sailor.* Ed. Harrison Hayford and Merton M. Sealts, Jr. Chicago: University of Chicago Press, 1962.

Mills, C. Wright. *The Power Elite*. Oxford: Oxford University Press, 1956.

Mills, Sara, and Louis Mullany. *Language, Gender and Feminism: Theory, Methodology and Practice*. London: Routledge, 2011.

Morton, Timothy. *Hyperobjects: Philosophy and Ecology after the End of the World.* Minneapolis: University of Minnesota Press, 2013.

Nadkarni, Vidya. "India — An Aspiring Global Power." *Emerging Powers in a Comparative Perspective: The Political and Economic Rise of the BRIC Countries*. Ed. Vidya Nadkarni and Norma C. Noonan. New York: Bloomsbury, 2013.

Nixon, Rob. *Slow Violence and the Environmentalism of the Poor.* Cambridge: Harvard University Press, 2011.

Northouse, Peter G. *Leadership: Theory and Practice (5th Edition)*. London: Sage, 2010.

Nye, Joseph S. *The Future of Power.* New York: Public Affairs, 2011.

Oakeshott, Michael. "Introduction to *Leviathan*." *Rationalism in Politics and Other Essays*. Liberty Fund: Indianapolis, 1991.

Oates, Joyce Carol. "Why Is Your Writing So Violent?" *New York Times*. March 29, 1981. https://www.nytimes.com/1981/03/29/books/why-is-your-writing-so-violent.html

Perkins, David. *Romanticism and Animal Rights*. Cambridge: The University of Cambridge Press, 2003.

Postone, Moishe, Edward LiPuma, and Craig Calhoun. "Introduction: Bourdieu and Social Theory." *Bourdieu: Critical Perspectives*. Ed. Craig Calhoun, Edward LiPuma, and Moishe Postone. Chicago: University of Chicago Press, 1993.

Prozorov, Sergei, and Simone Rentea. *The Routledge Handbook of Biopolitics*. London: Routledge, 2017.

Pugliese, Joseph. *Biopolitical Caesurae of Torture, Black Sites, Drones*. London: Routledge, 2013.

Radtke, H. Lorraine, and Henderikus J. Stam. *Power/Gender: Social Relations in Theory and Practice*. London: Sage, 1995.

Raffield, Paul. *Shakespeare's Imaginary Constitution: Late Elizabethan Politics and the Theatre of Law*. Oxford: Hart Publishing, 2010.

Research & Degrowth. "Degrowth Declaration of the Paris 2008 Conference." *Journal of Cleaner Production 18*(6), 2010: 523-524.

Rich, Adrienne. *Of Woman Born: Motherhood as Experience and Institution*. New York: Norton, 1995.

Rochelle, Warren G. *Communities of the Heart: The Rhetoric of Myth in the Fiction of Ursula K. Le Guin*. Liverpool: Liverpool University Press, 2001.

Rodd, Rosemary. *Biology, Ethics and Animals*. Oxford: Clarendon Press, 1992.

Rogers, Katharine M. *Cat*. London: Reaktion Books, 2006.

Rohman, Carrie. *Stalking the Subject: Modernism and the Animal*. New York: Columbia University Press, 2009.

Russell, Bertrand. *Power: A New Social Analysis*. London: George Allen and Unwin, 1938.

Sargent, Lyman Tower. *The Problem of the "Flawed Utopia": A Note on the Costs of Eutopia*. London: Routledge, 2003.

Schneider-Mayerson, Matthew. "Whose Odds? The Absence of Climate Justice in American Climate Fiction Novels." *ISLE: Interdisciplinary Studies in Literature and Environment 26*(4), 2019: 944-967.

Shillington, Kevin. *Encyclopaedia of African History*. New York: Taylor & Francis Group, 2005.

Simon, Bernd. *Identity in Modern Society: A Social Psychological Perspective*. London: Blackwell Publishing, 2008.

Solnit, Rebecca. "Call Climate Change What It Is: Violence." *The Guardian*. April 7, 2014. https://www.theguardian.com/commentisfree/2014/apr/07/climate-change-violence-occupy-earth

Sramek, Joseph. "'Face Him Like a Briton': Tiger Hunting, Imperialism, and British Masculinity in Colonial India, 1800–1875." *Victorian Studies*, Summer, 2006: 559-680.

Stone, Brad Elliott. "Power." *Understanding Foucault, Understanding Modernism*. Ed. David Scott. New York: Bloomsbury Academic, 2017.

Swartz, David. "Pierre Bourdieu's Political Sociology and Public Sociology." *Cultural Analysis and Bourdieu's Legacy: Settling Accounts and Developing Alternatives*. Ed. Elizabeth Silva and Alan Warde. Oxon: Routledge, 2010.

Swift, Simon. *Hannah Arendt*. New York: Routledge, 2009.

Tammelleo, Steve. "Discipline." *Understanding Foucault, Understanding Modernism*. Ed. David Scott. New York: Bloomsbury Academic, 2017.

Thomas, Nicholas. *Colonialism's Culture: Anthropology, Travel and Government*. Cambridge: Polity Press, 1994.

Tocci, Nathalie. *Turkey's European Future: Behind the Scenes of America's Influence on EU-Turkey Relations*. New York: New York University Press, 2011.

Torres, Bob. *Making a Killing: The Political Economy of Animal Rights*. Edinburgh: AK Press, 2007.

Trepper, Terry, and Mary Jo Barrett. *Systematic Treatment of Incest: A Therapeutic Handbook*. New York: Brunner-Routledge, 2013.

Tyson, Lois. *Critical Theory Today: A User-Friendly Guide*. New York: Routledge, 2006.

Valverde, Mariana. *Michel Foucault*. London: Routledge, 2017.

van Niekerk, Marlene. *Triomf*. London: Abacus, 2000.

Wadiwel, Dinesh J. *The War against Animals*. Boston: Brill, 2015.

Walters, William, and Martina Tazzioli. *Handbook of Governmentality*. Cheltenham: Edward Elgar Publishing, 2023.

Weinstein, Cindy. "Melville, Labor, and the Discourses of Reception." *The Cambridge Companion to Herman Melville*. Ed. Robert S. Levine. Cambridge: Cambridge University Press, 1998.

Weston, Del. *The Political Economy of Global Warming: The Terminal Crisis*. New York: Routledge, 2014.

White, Donna R. *Dancing with Dragons: Ursula K. Le Guin and the Critics*. Columbia: Camden House, 1999.

Wolfe, Cary. *Animal Rites: American Culture, the Discourse of Species, and Posthumanist Theory*. Chicago: The University of Chicago Press, 2003.

Woodward, Wendy. *The Animal Gaze: Animal Subjectivities in Southern African Narratives*. Johannesburg: Wits University Press, 2008a.

—. "Social Subjects." *Canis Africanis: A Dog History of Southern Africa*. Ed. Lance Van Sittert and Sandra Scott Swar. Leiden: Koninklijke Brill NV, 2008b.

Wrong, Dennis Hume. *Power: Its Forms, Bases, and Uses*. London: Routledge, 2017.

Zima, Peter V. *Discourse and Power: An Introduction to Critical Narratology: Who Narrates Whom?* London: Routledge, 2023.

阿甘本:《神圣人：至高权力与赤裸生命》，吴冠军译。北京：中央编译出版社，2016。

阿伦特:《人的境况》，王寅丽译。上海：上海人民出版社，2009。

包亚明（编）:《权力的眼睛——福柯访谈录》，严锋译。上海：上海人民出版社，1997。

陈茂林、陈韵祎:《生态马克思主义批评对生态批评的超越》，载《当代外国文学》2019年第4期。

丹纳赫等:《理解福柯》，刘瑾译。天津：百花文艺出版社，2002。

德里达:《"故我在"的动物》，载汪民安（编）《生产》（第三辑）。桂林：广西师范大学出版社，2006。

福柯:《权力/知识》，载莫伟民（著）《主体的命运——福柯哲学思想研究》。上海：上海三联书店，1996。

福柯:《规训与惩罚》，刘北成、杨远婴译。北京：三联书店，1999。

福柯:《性经验史》，佘碧平译。上海：上海人民出版社，2000。

福柯:《规训与惩罚》，刘北成、杨远婴译，北京：三联书店，2003。

龚璇:《伤痛·凝视·叙写—科姆·托伊宾小说<布莱克沃特灯塔>的主题意蕴》，载《当代外国文学》2006年第3期。

郭银玲:《〈白鲸〉：一曲捕鲸者的哀婉赞歌》，载《河南师范大学学报（哲学社会科学版）》2012第4期。

哈贝马斯:《阿伦特的交往权力概念》（陶东风编译），载《文化研究》2016年第3期。

吉登斯:《社会的构成》，李康、李猛译。北京：三联书店，1998a。

吉登斯:《民族—国家与暴力》，胡宗泽、赵力涛译。北京：三联书店，1998b。

姜礼福:《猫与女性的命运共同体——论欧茨〈白猫〉中的"凝视"》，载《当代外国文学》2015年第3期。

姜礼福:《〈凯旋〉中的种族、动物与伦理》，载《中国非洲研究评论 非洲文学专辑》2016年总第六辑。

姜礼福:《人类世生态批评述略》，载《当代外国文学》2017年第4期。

姜礼福:《人类世:从地质概念到文学批评》,载《湖南科技大学学报(社会科学版)》2018年第6期。
姜礼福:《气候变化小说的前世今生——兼谈人类世气候批评》,载《鄱阳湖学刊》2020年第4期。
姜礼福:《"人类世"概念考辨:从地质学到人文社会科学的话语建构》,载《中国地质大学学报(社会科学版)》2020年第2期。
姜礼福:《跨学科英语文学阅读与欣赏》。南京:南京大学出版社,2022。
卡西尔:《国家的神话》,范进等译。北京:华夏出版社,1993。
克莱恩:《气候危机、资本主义与我们的终极命运》,李海默、韦涵、管昕玥译。上海:上海三联书店,2018。
库切:《等待野蛮人》,文敏译。杭州:浙江文艺出版社,2010。
勒古恩:《失去一切的人》,陶雪蕾译。北京:北京联合出版公司,2017。
林红梅:《生态伦理学概论》。北京:中央编译出版社,2008。
刘北成:《福柯思想肖像》。上海:上海人民出版社,2001。
卢梭:《社会契约论》,何兆武译。北京:商务印书馆,1980。
卢梭:《论人类不平等的起源和基础》,李常山译。北京:商务印书馆,1982。
罗素:《罗素文集(第5卷):权力论、权威与个人》,吴友三译。北京:商务印书馆,2012。
马克思、恩格斯:《马克思恩格斯全集(第六卷)》,中共中央马克思恩格斯列宁斯大林著作编译局(编译)。北京:人民出版社,1961。
马克思、恩格斯:《马克思恩格斯选集(第四卷)》,中共中央马克思恩格斯列宁斯大林著作编译局(编译)。北京:人民出版社,1995。
马克思、恩格斯:《马克思恩格斯文集(第一卷),中共中央马克思恩格斯列宁斯大林著作编译局(编译)。北京:人民出版社,2009a。
马克思、恩格斯:《马克思恩格斯文集(第三卷),中共中央马克思恩格斯列宁斯大林著作编译局(编译)。北京:人民出版社,2009b。
麦尔维尔(梅尔维尔):《白鲸》,晓牧译。北京:商务印书馆,1992。
麦尔维尔(梅尔维尔):《水手毕利·伯德》,载周珏良(著)《周珏良文集》。北京:外语教学与研究出版社,1994。
麦魁尔:《福柯》,韩阳红译。北京:昆仑出版社,1999。
毛泽东:《毛泽东选集(第三卷)》。北京:人民出版社,1991。
孟德斯鸠:《论法的精神》,张雁深译。北京:商务印书馆,1982。

孟祥馨等:《权力授予和权力制约》。北京：中央文献出版社，2005。
牛田盛:《人类世帝国主义是21世纪资本主义的灭绝阶段——福斯特对帝国主义的最新批判述评》，载《世界社会主义研究》2019年第10期。
欧茨:《鬼魂出没：怪诞故事集》，左自鸣译。北京：长江文艺出版社，2006。
沈春花:《当代西方暴力理论研究的新趋势》，载《当代外国文学》2019年第2期。
斯沃茨:《文化与权力：布尔迪厄的社会学》，陶东风译。上海：上海译文出版社，2006。
邰蓓:《德勒兹生成思想研究》。北京：北京外国语大学博士论文，2014。
汪民安:《权力》，载赵一凡等（编）《西方文论关键词》。北京：外语教学与研究出版社，2011。
王茜:《从"生态乌托邦"到"可能世界"——对厄休拉·勒古恩科幻小说〈一无所有〉的一种解读》，载《学习与探索》2018年第4期。
王弋璇:《欧茨小说〈奇境〉中的身体政治和身体美学》，载《当代外国文学》2013年第4期。
韦伯:《经济与社会》，林荣远译。北京：商务印书馆，1997。
吴冠军:《生命政治：在福柯与阿甘本之间》，载《马克思主义与现实》2015年第1期。
亚里士多德:《政治学》，高书文译。北京：九州出版社，2007。
杨华:《暴力下的女性天空——论欧茨小说中女性意识表达的独特视角》，载《湘潭大学学报（哲学社会科学版）》2005年第4期。
杨金才、金怡:《权力的控制与实施——论麦尔维尔小说〈比利·巴德〉中的"圆形监狱"意象》，载《外国文学》2005年第2期。
尹晶:《生成》，载《外国文学》2013年第3期。
张小红:《全球化·身体·辩证的乌托邦——大卫·哈维乌托邦思想初探》，载《新疆社会科学》2011年第1期。
曾繁仁:《人类掠夺自然的悲剧警示：小说〈白鲸〉重评》，载《广西民族大学学报（哲学社会科学版）》2009年第3期。
郑文涛:《赤裸生命、例外状态与命运共同体——论阿甘本生命政治的困境及其解决》，载《世界哲学》2018年第2期。
朱晓兰:《凝视》。南京：南京大学出版社，2013。

推荐文献

Agamben, Giorgio. *Homo Sacer: Sovereign Power and Bare Life*. Stanford: Stanford University Press, 1998.

Anolik, Ruth Bienstock. *Property and Power in English Gothic Literature*. Jefferson: McFarland, 2016.

Ashcroft, Caroline. *Violence and Power: In the Thought of Hannah Arendt*. Philadelphia: University of Pennsylvania Press, 2021.

Blau, Peter M. *Exchange and Power in Social Life*. New York: John Wiley and Sons, 1964.

Bourdieu, Pierre. *Language and Symbolic Power*. Ed. John Thompson. Trans. Gino Raymond and Matthew Adamson. Cambridge: Harvard University Press, 1991.

Bove, Laurence F., and Laura Duhan Kaplan. *Philosophical Perspectives on Power and Domination: Theories and Practices*. Amsterdam: Rodopi, 1997.

Clegg, Stewart R. *Frameworks of Power*. London: Sage, 1997.

Comes, Judy. *Sex, Power and the Folly of Marriage in Women's Novels of the 1920s: A Critical Study of Seven American Writers*. Jefferson: McFarland, 2015.

Diaz, Gwendolyn. *Women and Power in Argentine Literature: Stories, Interviews, and Critical Essays*. Austin: University of Texas Press, 2010.

Dowding, Keith. *Encyclopedia of Power*. Thousand Oaks: Sage, 2011.

Faubion, James D. *Michel Foucault: Power (Essential Works of Foucault 1954–1984. Vol. 3)*. Trans. Robert Hurley and Others. New York: New Press, 2000.

Foucault, Michel. *"Two Lectures" in Power/Knowledge: Selected Interviews and Other Writings 1972–1977*. Ed. Colin Gordon. Brighton: Harvester, 1980.

—. *The History of Sexuality: An Introduction*. New York: Vintage Books, 1990.

—. *Discipline and Punish: The Birth of the Prison*. New York: Vintage Books, 1995.

Gardner, Flona. *Sex, Power, Control: Responding to Abuse in the Institutional Church*. Cambridge: Lutterworth Press, 2021.

Hobbes, Thomas. *Leviathan, Parts I and II*. Indianapolis: Bobbs-Merrill, 1958.

Isaac, Jeffrey C. *Power and Marxist Theory: A Realist View*. New York: Cornell University Press, 1987.

James, Gilad. *Introduction to Power*. Denver: Gilad James Mystery School, 2023.

Joy, Melanie. *Getting Relationships Right: How to Build Resilience and Thrive in Life, Love and Work*. Oakland: Berrett-Koehler Publishers, 2020.

Kearsley, Roy. *Church, Community and Power*. Wales: Cardiff University, 2016.

Kirby, Mark. *Sociology in Perspective*. London: Heineiman Educational Publishers, 2000.

Lukes, Steven. *Power: A Radical View*. London: Palgrave Macmillan, 2005.

Mills, C. Wright. *The Power Elite*. Oxford: Oxford University Press, 1956.

Nikolajeva, Maria. *Power, Voice and Subjectivity in Literature for Young Readers*. New York: Routledge, 2010.

Nye, Joseph S. *The Future of Power*. New York: Public Affairs, 2011.

Oprescu, Florin. *Power and Literature: Strategies of Subversiveness in the Romanian Novel*. Berlin: De Gruyter, 2018.

Paul, Samiran Kumar. *Ideology and Power of Literary Criticism*. Rasulgarh: Walnut Publication, 2020.

Radtke, H. Lorraine, and Henderikus J. Stam. *Power/Gender: Social Relations in Theory and Practice*. London: Sage, 1995.

Russell, Bertrand. *Power: A New Social Analysis*. London: George Allen and Unwin, 1938.

Wrong, Dennis H. *Power: Its Forms, Base, and Uses*. London: Routledge, 2017.

靳凤林等：《权力与资本：中西政商关系的伦理视差》。北京：三联书店，2023。

余博闻：《权力·话语·实践：全球治理深度变革的逻辑》。上海：上海人民出版社，2023。

索引